Sehen · Staunen · Wissen

# LÄNDER & VÖLKER DER BIBEL

Assyrische Schmuckplatte mit einer geflügelten Göttin

Goldanhänger (16. Jh.v.Chr.)

Pilgerflasche (Späte Bronzezeit)

Jüdische Münzen aus der Römerzeit

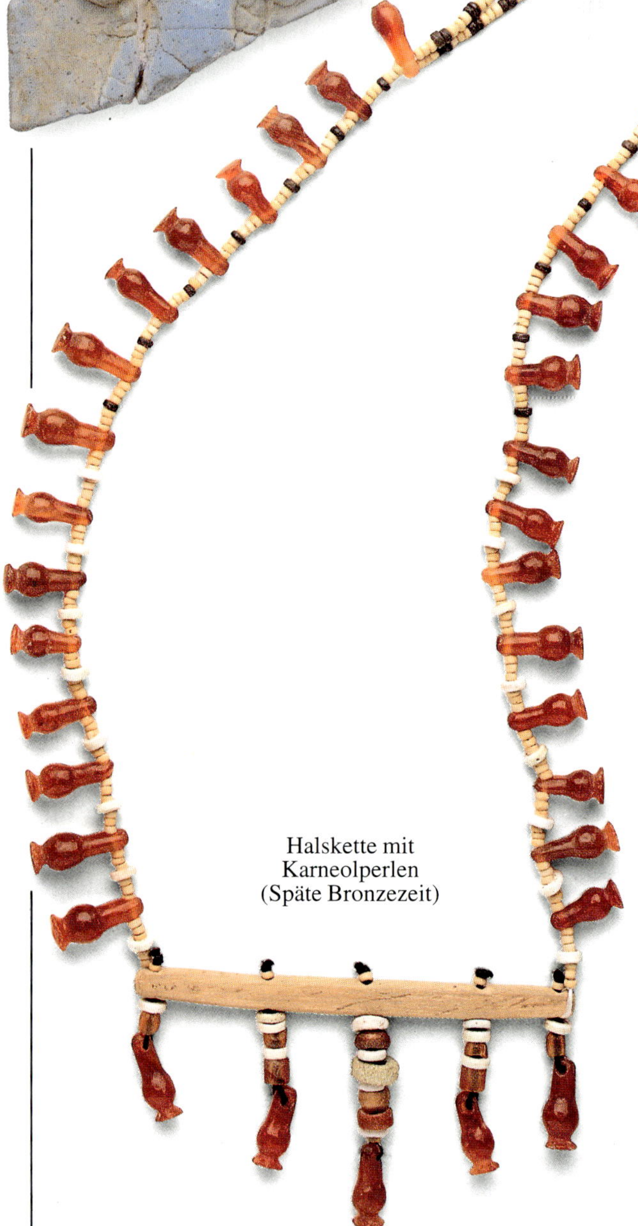

Halskette mit Karneolperlen (Späte Bronzezeit)

Tongefäß in Form eines Stiers

Axt (Mittlere Bronzezeit)

Zeremonienstab aus Ur

Goldene Ohrringe aus der Römerzeit

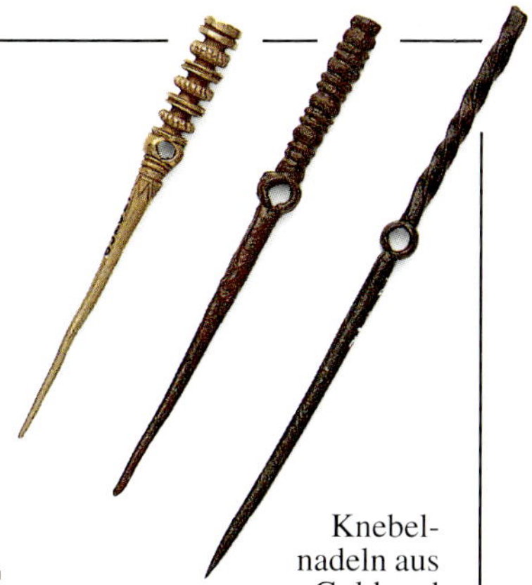

Knebelnadeln aus Gold und Bronze

Sehen · Staunen · Wissen

# LÄNDER & VÖLKER DER BIBEL

## Zeugnisse einer großen Kultur
## Von der Frühgeschichte des Heiligen Landes bis zur Römerzeit

Text von Jonathan N. Tubb

Geschnitzter Löwenkopf aus Assyrien

Elfenbein-Schmuckplatte aus Nimrud (8. Jh.v.Chr.)

Phönizische Glaskrüge

Kopf. Elfenbeinschnitzerei (13. Jh.v.Chr.)

Gerstenberg Verlag

Elfenbeinerner Entenkopf aus Lachisch

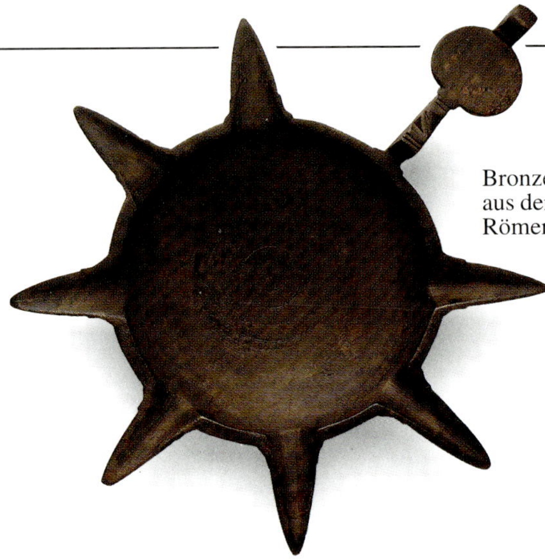

Bronzelampe aus der Römerzeit

Ägyptisches Siegel

Elfenbeinschnitzerei aus Nimrud

Fries: Persische Palastwache

Die Deutsche Bibliothek – CIP-Einheitsaufnahme

Ein Titeldatensatz für diese Publikation ist bei
Der Deutschen Bibliothek erhältlich.

Ein Dorling-Kindersley-Buch
Originaltitel: Eyewitness Guides: Bible Lands

Lektorat: Phil Wilkinson, Helen Parker
Layout und Gestaltung: Martin Atcherly, Julia Harris
Herstellung: Louise Barrat; Bildredaktion: Diana Morris
Fotografie: Alan Hills, Barbara Winter, Karl Shone

Gesetzt nach neuer Rechtschreibung
Aus dem Englischen übersetzt und bearbeitet von
Margot Wilhelmi, Sulingen


Satz: Gerstenberg Druck GmbH,Hildesheim
Printed in China
ISBN 3-8067-4428-9

02 03 04 05 06 7 6 5 4 3

Persische Silberfigur (Schraubenziegenbock)

Persische Silberschale

Pfeilspitzen

# Inhalt

Geflügelte Sphinx
(Elfenbeinschnitzerei

Das Heilige Land
6
Steinzeitkultur
8
Zu Abrahams Zeiten
10
Ägypten
12
Stadt auf Stadt
14
Die Kanaaniter
16
Bestattungsriten
18
Die Israeliten
20
Die Phönizier
22
Götter und Göttinnen
24
Nahrungsmittel
26
Tiere
32
Kleidung
34
Schmuck
36
Geld und Handel
38
Kunst und Handwerk
42
Krieg und Waffen
44
Die Assyrer
48
Die Babylonier
50
Die Perser
52
Griechen und Römer
54
König Herodes
56
Das Buch der Bücher
58
Archäologie
62
Register
64

# Das Heilige Land

Landschaft am Toten Meer

Palästina ist landschaftlich sehr vielfältig. An die Küstenebene mit Sanddünen im Süden und Lagunen im Norden schließt sich nach Osten ein fruchtbares Hügelland an, das zu einem felsigen Gebirge mit über 1000 m hohen Gipfeln ansteigt. Das geologisch einzigartige, tiefe Jordantal zerschneidet das Land in zwei Teile. Das Tal ist im Norden, vor allem um den See Gennesaret, sehr fruchtbar, im Süden, am Toten Meer, eine Wüstenlandschaft. Östlich des Jordans findet man von Norden nach Süden eine fruchtbare Hochfläche, bewaldetes Bergland, schließlich eine zerklüftete Berglandschaft, die an die Cañons Nordamerikas erinnert. Weil der Regen vom Mittelmeer immer mehr abnimmt, geht das Land im Osten in Wüste über.

Blick über das Tote Meer ostwärts auf die Berge von Moab

Das Dorf Zir-Zamet bei Hebron

„Lots Frau“ – eine Felssäule am Toten Meer

**DAS LAND DER BIBEL**
Das Heilige Land, früher Kanaan, heute Palästina, liegt in der Levante (im östlichen Mittelmeergebiet). Diese Karte zeigt die bedeutendsten Orte, die in diesem Buch erwähnt werden, die Seen und Meere und den Jordan. Norden ist auf dieser Karte links.

Jerusalem (Carl Werner, 1809–94)

Der Berg Sinai, südlich des Kartenausschnitts, spielt eine große Rolle im Alten Testament

Landschaft am See Gennesaret

Fischerboote am See Gennesaret

**ZEITTAFEL**

| | |
|---|---|
| Altsteinzeit | 700 000–15 000 v.Chr. |
| Mittlere Steinzeit | 15 000–8300 v.Chr. |
| Jungsteinzeit | 8300–4500 v.Chr. |
| Kupferzeit | 4500–3200 v.Chr. |
| Frühe Bronzezeit | 3200–2000 v.Chr. |
| Mittlere Bronzezeit | 2000–1500 v.Chr. |
| Späte Bronzezeit | 1550–1150 v.Chr. |
| Eisenzeit | 1200–586 v.Chr. |
| Zeit der Babylonier und Perser | 586–332 v.Chr. |
| Zeit der Griechen (Hellenistisch) | 332–37 v.Chr. |
| Römerzeit | 37 v.Chr.–324 n.Chr. |
| Byzantinisches Reich | 324–640 n.Chr. |
| Frühes Islamisches Reich | 640–1099 n.Chr. |

# Steinzeitkultur

Unsere Kenntnisse von der Frühgeschichte des Heiligen Landes beruhen weitgehend auf Ausgrabungen in Jericho (heute Tell es-Sultan), unweit der Nordspitze des Toten Meeres. Hier sind vor 10 000 Jahren die ersten mittelsteinzeitlichen Jäger sesshaft geworden. Zuerst lebten sie in zeltartigen Unterkünften aus Stöcken und Fellen. Später bauten sie stabile Häuser aus luftgetrockneten Lehmziegeln. Die Sesshaftwerdung war der erste Schritt zur Zivilisation. Weitere Schritte waren Anbau und Züchtung von Feldfrüchten und die Domestikation von Haustieren – die „jungsteinzeitliche Revolution". Jericho war kein Einzelfall. In den folgenden 3000 Jahren entstanden überall in diesem Gebiet kleine Bauerndörfer. In der Jungsteinzeit (um 8000–4500 v.Chr.) benutzte man Werkzeuge aus Stein, Feuerstein und Obsidian (einem glasartigen Vulkangestein). Schon vor der Erfindung der Töpferkunst beherrschten die Menschen verschiedene Handwerke: Weben, Korbflechten, Tischlern und die Steinmetzkunst. Die ersten Tonwaren entstanden um 5500 v.Chr. Etwa tausend Jahre später, gegen Ende der Jungsteinzeit, konnte man Kupfer schmelzen und daraus Werkzeuge herstellen. Diese Zeit nennt man Kupferzeit (oder nach dem griechischen Wort für Kupfer Chalkolithikum).

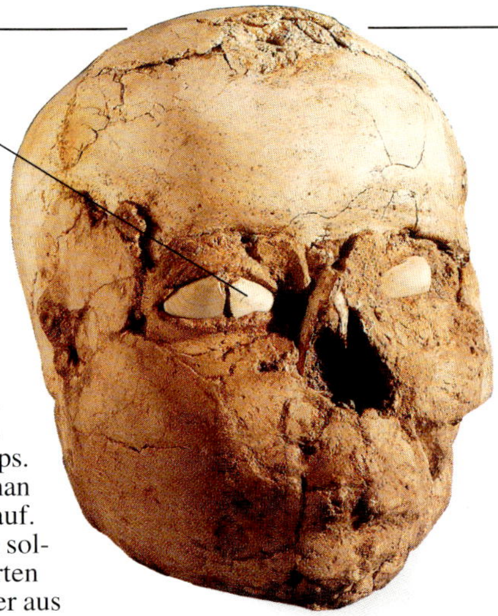


**MASKERADE**
In der Jungsteinzeit nahm man mancherorts Totenschädel und formte über ihnen ein Gesicht aus Gips. Die Haare malte man schwarz oder rot auf. Vielleicht dienten solche übermodellierten Schädel, wie dieser aus Jericho, dem Ahnenkult.

**DIE MAUERN VON JERICHO**
In der Jungsteinzeit wuchs Jericho zur ersten Stadt der Welt. Im Gegensatz zu den übrigen Siedlungen der Region war es von dicken, hohen Mauern umgeben. Hier sieht man die Überreste eines großen, steinernen Turms.

**VERSTEINERTES GESICHT**
Diese Kalksteinmaske aus der Jungsteinzeit stammt aus Rama (heute er-Ram) bei Jerusalem.

Fächerschaber

Schaber

**SCHABER**
Selbst als man Kupfer bearbeiten konnte, benutzte man weiterhin Feuersteinwerkzeuge. Mit dem halbrunden „Fächerschaber" bearbeitete man Felle zur Herstellung von Kleidung.

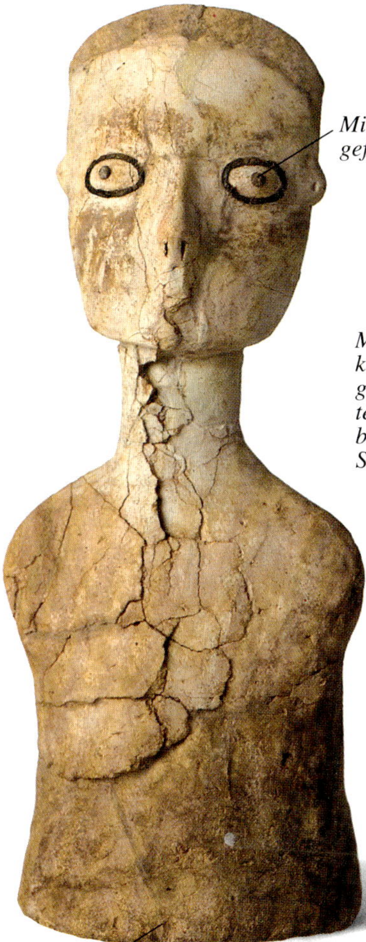

*Mit Bitumen gefärbte Pupillen*

*Modellierkern aus getrocknetem, gebündeltem Schilf*

*Mit Gipsstuck wurde über dem Schilfgerüst ein Körper geformt.*

**STROHMANN**
Zur Herstellung der Figuren aus Ain Ghazal fertigte man zunächst einen Strohkern (abgebildet ist eine Rekonstruktion), auf den man dann mit Gips die Statue modellierte.

*Die Augen wurden mit Dioptas, einem grünen mineralischen Farbstoff, umrundet.*

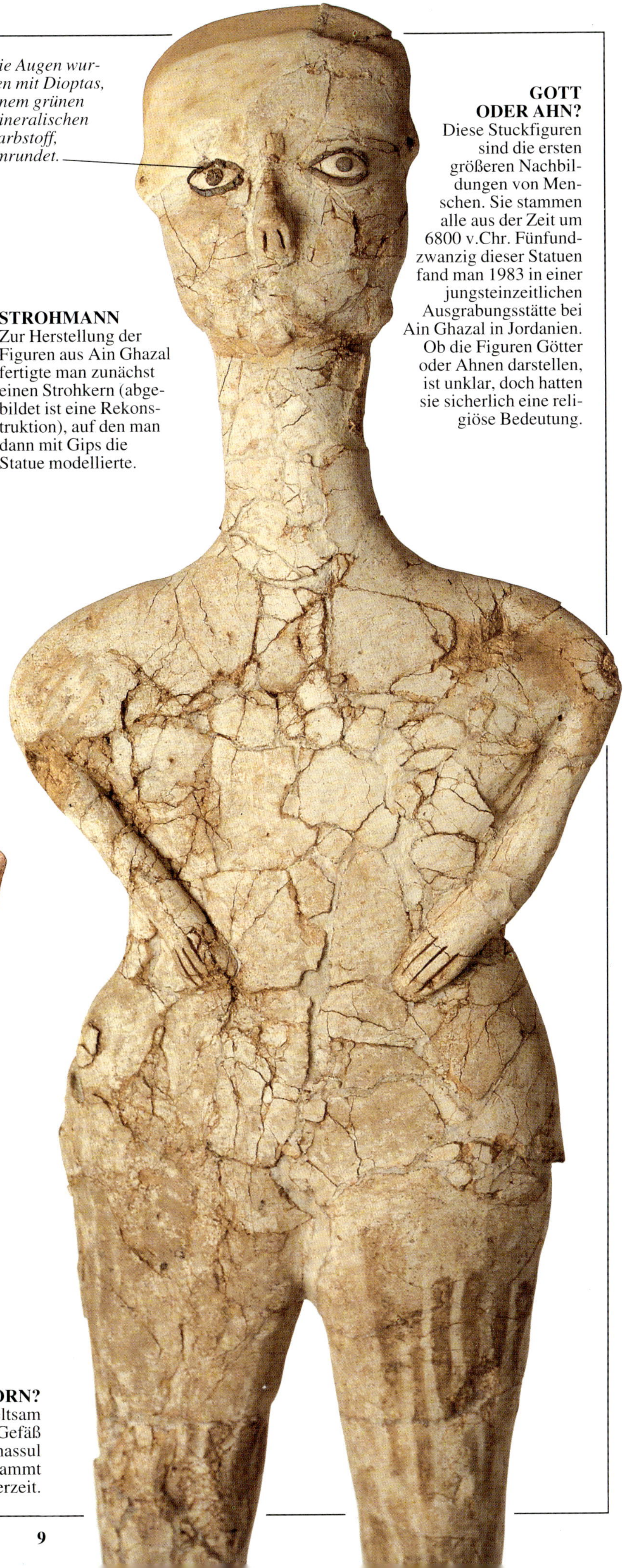

**GOTT ODER AHN?**
Diese Stuckfiguren sind die ersten größeren Nachbildungen von Menschen. Sie stammen alle aus der Zeit um 6800 v.Chr. Fünfundzwanzig dieser Statuen fand man 1983 in einer jungsteinzeitlichen Ausgrabungsstätte bei Ain Ghazal in Jordanien. Ob die Figuren Götter oder Ahnen darstellen, ist unklar, doch hatten sie sicherlich eine religiöse Bedeutung.

*Durch das spitze Dach gleicht die Urne einem kleinen Haus.*

**KNOCHENHAUS**
In der Küstenregion Palästinas wurden die Menschen in der Kupferzeit in solchen Hausurnen aus Lehm begraben.

**TRINKHORN?**
Dieses seltsam geformte Gefäß aus Teleilat Ghassul (Jordanien) stammt aus der Kupferzeit.

# Zu Abrahams Zeiten

Diese goldene Muschel wurde vor etwa 4000 Jahren in Ur als Kosmetikbehälter benutzt.

Abraham, Isaak, Jakob und seine zwölf Söhne gelten als Stammväter Israels (= Patriarchen). Archäologische Forschungen haben eine Fülle von Informationen über die Zeit zu Tage gebracht, in der die Geschichten dieser Männer spielen, über die Kulturen der Länder, durch die sie ins „gelobte Land" zogen, und das Ägypten des Jakobssohnes Josef. Man nimmt an, dass diese Männer zwischen 2600 und 1800 v.Chr. lebten. Dafür, dass Abraham von Ur in Chaldäa (heute Irak) und Haran (in der heutigen Türkei) nach Kanaan kam, gibt es keine archäologischen Beweise. Die Spuren von Wanderhirten verwehen schnell. Doch man geht heute davon aus, dass die entsprechenden Erzählungen im Buch Genesis einen historischen Hintergrund haben.

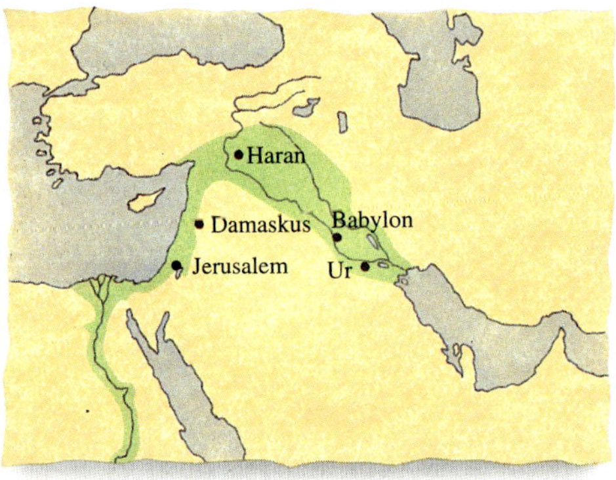


**PATRIARCHENPFADE**
Wie die heutigen Beduinen zog Abrahams Stamm mit seinen Kleinviehherden von Ur nach Haran. Mit seiner Familie setzte Abraham den Weg nach Kanaan fort.

**URSPRÜNGLICHER REICHTUM**
Als Abraham sich auf den Weg machte, war Ur eine blühende Stadt. In vielen Gräbern, die Leonard Woolley in den 1920er- und 1930er-Jahren ausgrub, fand man wertvolle Gaben für ein Leben nach dem Tode wie diesen mit Gold, Lapislazuli und Perlmutt verzierten Zeremonienstab.

**TEMPELTURM**
Eines der bedeutendsten Bauwerke Urs war die Zikkurat. Sie war mehrere Stockwerke hoch und aus Lehmziegeln gebaut. Ganz oben befand sich der Tempel. Der Turm von Babel (Babylon) war vermutlich ähnlich gebaut.

**KÖNIGLICHES GOLD**
Die Funde aus den Königsgräbern von Ur, wie dieser goldene Kelch, vermitteln einen Eindruck vom ungeheuren Reichtum der Königsfamilie.

*Einfacher Bogen*

*Achtsaitige Leier – Reste ähnlicher Instrumente fand man in Ur.*

*Gewand aus gefärbter, bestickter Wolle*

*Der Blasebalg legt nahe, dass unter den Besuchern Schmiede waren.*

*Entenschnabelaxt*

*Der Esel war eines der ersten Lasttiere.*

*Die Frauen tragen feste Schuhe (die Männer Sandalen).*

**SARAS GESCHIRR?**
Solche fein gearbeiteten Tonbecher waren zur Zeit der Patriarchen in Nordsyrien gebräuchlich.

**FÜR DIE TOTEN**
In Kanaan bestattete man die Toten oft in Grabkammern, die in die Felsen gehauen waren. Häufig finden sich Töpfe und Waffen als Grabbeigaben, gelegentlich auch Schmuck wie diese Halskette aus dem Jahre 2200 v.Chr.

**TRINKVERGNÜGEN**
In dieser ungewöhnlichen Flasche aus Nordsyrien konnte man Flüssigkeit durch Löcher im Boden aufsteigen lassen. Verschloss man mit dem Daumen den Mund, blieb die Flüssigkeit im Gefäß, löste man den Druck, floss sie wieder heraus.

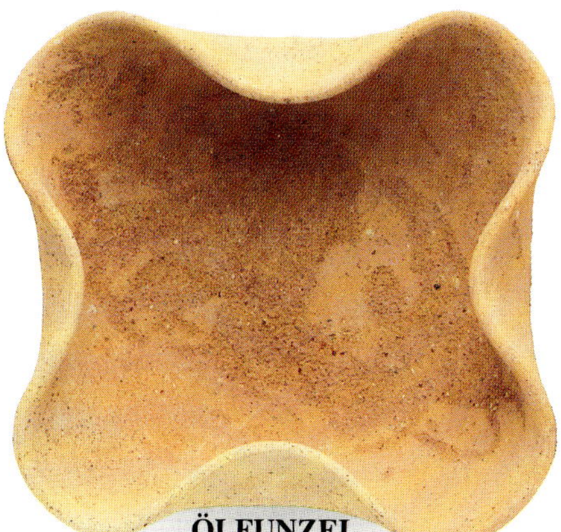

**ÖLFUNZEL**
Zur Patriarchenzeit benutzte man in Kanaan solche Lampen. Sie wurden mit Fischöl betrieben, das ein so schwaches Licht ergab, dass man vier Dochte benötigte.

**JOGHURTBECHER**
Joghurt ist in der Levante (im „Morgenland") von alters her ein wichtiges Nahrungsmittel. Diese Gefäße aus Jordanien könnten zur Joghurtherstellung gedient haben.

*Sichelschwert*

*Wollener Lendenschurz*

*Der Führer der Gruppe ist durch den Stab als Beduinenfürst gekennzeichnet.*

Der Name des Fürsten ist Ibscha (bibl. Abisai).

**BESUCH AUS KANAAN**
Die Geschichte von Josef in Ägypten könnte sich zwischen 2000–1800 v.Chr. zugetragen haben. Es ist belegt, dass in dieser Zeit asiatische Stämme nach Ägypten kamen. Die Wandmalereien aus dem Grab des Chnumhotep zu Beni-Hassan zeigen wahrscheinlich Aramäer aus Kanaan, die dem Fürsten vorgestellt werden.

**MOSE**
Die Tochter des Pharao fand Mose im Schilf und zog ihn am Königshof auf (Exodus 2).

# Ägypten

Zu Beginn der Bronzezeit ermöglichten neue Handelswege nach Ägypten einen wirtschaftlichen Aufschwung der Städte Kanaans. Um 1700 drangen Semiten ins Nildelta vor und begründeten im Osten des Deltas die Herrschaft der Hyksos (ägyptisch für „fremde Herrscher“), von wo aus sie bald über ganz Ägypten und Palästina regierten. Erst in der ausgehenden Bronzezeit, um 1550 v.Chr., vertrieben mächtigere Fürsten aus der Gegend um Theben die Hyksos, unternahmen einen Feldzug gegen Kanaan und brachten es unter ägyptische Herrschaft. Die Ägypter verlangten von den Kanaanitern hohe Steuern, doch dafür gewährten sie den Städten in Kanaan Sicherheit und ermöglichten einen besseren Zugang zum damaligen Welthandel. Unter Ramses II. (1304–1287 v.Chr.) wurde das Reich neu strukturiert. Strategisch wichtige Städte wie Bet-Schan und Gaza wurden ausgebaut, andere ließ man verfallen. Viele Menschen wurden heimatlos und wanderten ins Judagebirge aus, wo sie Bauerndörfer gründeten. Aus diesen Kanaanitern, die die Ägypter Hapiru (Hebräer) nannten, ging der Staat Israel hervor.

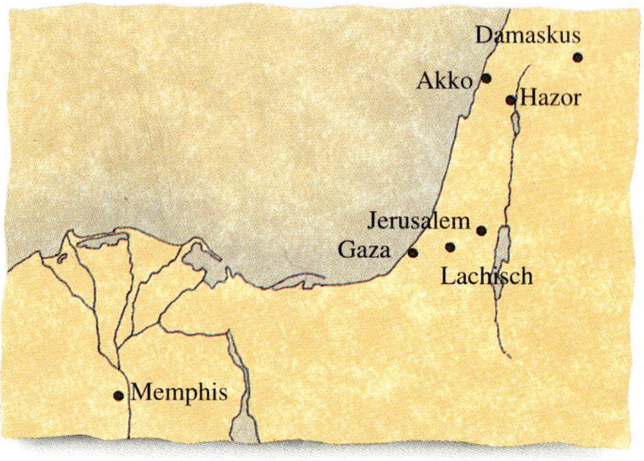


**ÄGYPTEN UND KANAAN**
In der späten Bronzezeit kam Kanaan unter ägyptische Herrschaft. Manche kanaanitischen Städte erlebten unter den ägyptischen Pharaonen eine Blüte, so z.B. Gaza.

**ZEICHEN DER MACHT**
Diese ägyptische Zeremonienaxt hat ein kunstvoll gearbeitetes Blatt.

**EIN BRIEF AN DEN PHARAO**
Die Amarnatafeln enthalten Berichte von Vasallenfürsten an den Pharao Amenophis III. Einige erwähnen Schwierigkeiten mit gesetzlosen Banden von Hapiru, heimatlosen Halbnomaden am Rande der Städte. Die Hapiru entsprechen den biblischen Hebräern.

**FESTUNG**
Bet-Schan war eines der bedeutenderen ägyptischen Verwaltungszentren in Kanaan. Unter Ramses II. wurde die Garnison zu einer gewaltigen Festung ausgebaut.

**HEBRÄISCHE SKLAVEN**
Die Bibel und ein ägyptisches Papyrusdokument berichten, dass Hapiru an den Monumentalbauten Ramses II. arbeiten. Wie auf diesem Gemälde von Edward Poynter (19. Jh.) sieht man auch auf ägyptischen Grabmalereien semitische Sklaven bei Frondiensten.

**PHILISTERGESICHT**
Die Philister bestatteten ihre Toten, wie einige andere Seevölker auch, in „pantoffelförmigen" Särgen. Die Sargdeckel zeigen groteske Gesichter.

# Die Philister

Unter Ramses III. (1198–1166 v.Chr.) drangen indogermanische Völker in den vorderen Orient ein. Diese „Seevölker", unter ihnen die Philister, stürzten das Hethiterreich und drangen auch nach Ägypten vor. In einer gewaltigen Seeschlacht schlug Ramses sie zurück, konnte aber nicht verhindern, dass sie sich an der Südküste Kanaans niederließen.

**FEDERSCHMUCK**
Die Krieger der Philister trugen federgeschmückte Helme.

Die Reichsordnung Ramses II. ließ in Judäa unzählige Bergdörfer aus dem Boden wachsen.

**… UND DAS WASSER SPALTETE SICH**
Archäologisch lässt sich der Auszug aus Ägypten durchs Rote Meer (Exodus) nicht belegen. Doch es ist durchaus möglich, dass unter Ramses II. eine Gruppe von Hapiru von Ägypten ins Judagebirge zog und dabei ein Schilfmeer (vielleicht den Golf von Suez, vielleicht die anschließenden Bitterseen oder das Rote Meer) durchquerte.

**ERFOLGREICHER PHARAO**
Ramses II. beendete den langjährigen Krieg mit den Hethitern, die sich von Anatolien her ausbreiteten. Nach der Schlacht von Kades schlossen beide Seiten 1280 v.Chr. Frieden, der durch die Vermählung des Pharaos mit einer hethitischen Prinzessin besiegelt wurde. In diese Zeit fällt wahrscheinlich der Exodus.

*Die gestreifte Kopfbedeckung ist ein Zeichen der Königswürde.*

Elfenbeinporträt eines Kannaniters (Lachisch, Späte Bronzezeit)

# Stadt auf Stadt

Städte gab es in Palästina seit der frühen Bronzezeit, vielleicht schon seit der Kupferzeit. Die Anfänge einer städtischen Kultur können bis ins vierte Jahrtausend vor Christus zurückverfolgt werden. Um diese Zeit gab es in Ägypten, Syrien und Mesopotamien schon große Siedlungen und die ersten Schriftsysteme. Der Ausbau des Handels führte in Kanaan, das zwischen diesen Großmächten an wichtigen Handelswegen lag, zu einer ähnlichen Entwicklung. Die Städte wurden häufig über Jahrtausende hinweg besiedelt. Generation um Generation baute ihre Ansiedlungen auf den Ruinen früherer Generationen. Daher hat der typische Überrest einer antiken Stadt in Palästina (wie fast überall im Nahen Osten) die Gestalt eines quadratischen oder rechteckigen, flachrückigen, aber sehr steilen Hügels. Diese Ruinenhügel, in denen man bei Ausgrabungen auf immer ältere Siedlungen stößt, je tiefer man gräbt, nennt man „Tell" oder „Tel".

Frühbronzezeitliche Keramik aus Kanaan wie dieser Krug ist kunstvoll und stabil.

*Ein Schnitt durch den Tell zeigt Mauern, Decken, Asche- und Schuttschichten, Gruben, Herde und andere Spuren menschlicher Siedlungen.*

Die Zitadelle von Aleppo (Syrien) ist ein Beispiel eines Tells, der von alters her bis vor relativ kurzer Zeit immer wieder besiedelt wurde.

**TIEF IN DIE VERGANGENHEIT**

Grabungen an einem Tell liefern wertvolle Aussagen über die Vergangenheit. Hauptsächlich findet man Lehmziegel, mit denen im Heiligen Land seit Jahrtausenden gebaut wird. Die einzelnen Schichten geben Aufschluss darüber, seit wann der Ort bewohnt wurde. Die Abbildung zeigt ein Modell des Tell Der' Alla in Jordanien, des biblischen Sukkot. Am Modell erkennt man die verschiedenen Vorgehensweisen, mit denen Archäologen die verwirrenden Verflechtungen der einzelnen Besiedlungsepochen zu entschlüsseln suchen.

**BERGBURGEN**
Je höher der Tell wuchs, desto instabiler wurde er. Man musste ihn seitlich abstützen. So baute man Stützmauern und pflasterte den Abhang. Das steile, schlüpfrige „Glacis“ entstand, das eine gute Verteidigungsbarriere darstellte. Am oberen Ende des Glacis baute man ein Verteidigungsbollwerk, das von der eigentlichen Stadtmauer gekrönt wurde, an die sich Häuser lehnten. Die Stadt selbst war relativ klein, die Gassen schmal. Das untere Ende des Glacis wurde mit einer weiteren Mauer befestigt und mit einem Wallgraben umgeben. Gewöhnlich hatte die Anlage nur ein sehr starkes befestigtes Tor.

**LACHISCH**
Die Ruinen von Lachisch lassen den typischen Aufbau eines Tell (Tel) erkennen. Das Modell zeigt die Stadt zur Zeit der Belagerung durch die Assyrer um 701 v.Chr. (S. 46).

**TEURER GESCHMACK**
Die Kanaaniter liebten schöne Dinge. Dieser Fayencekrug stammt aus Ägypten. Man fand ihn in Lachisch.

**GIESSER**
Glänzend rot überfangener Ton kennzeichnet die frühbronzezeitliche Keramik. Typisch kanaanitisch sind die hochgezogenen Henkelränder. Dieses Gefäß hat eine Tülle zum Ausgießen von Flüssigkeiten.

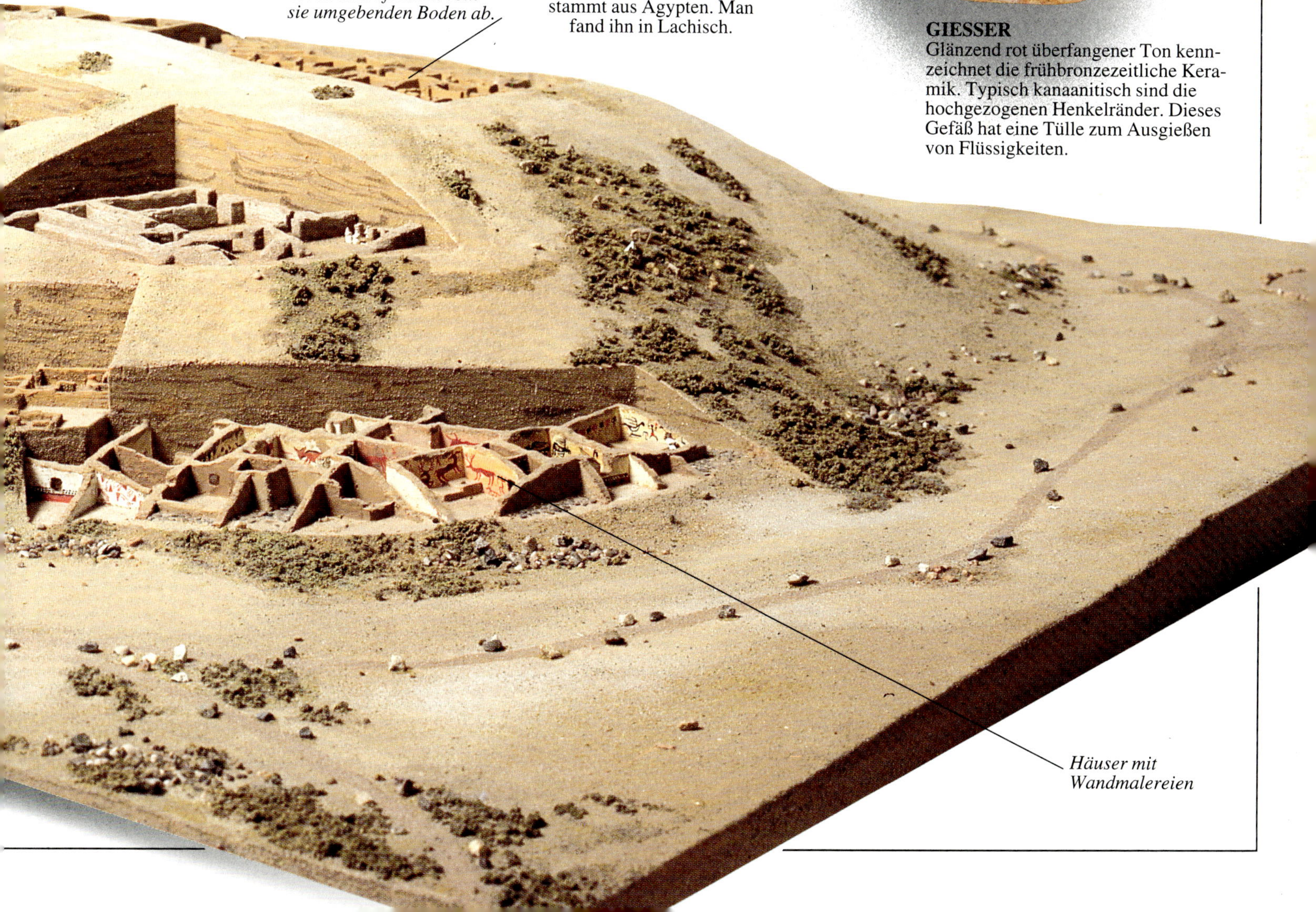

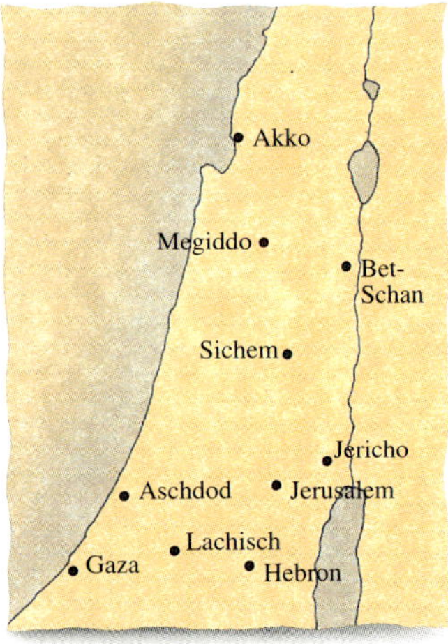


**KANAAN**
Genaue Kenntnisse über die politische Struktur des Landes Kanaan in der Mittleren Bronzezeit haben wir nicht. Es bestand wahrscheinlich aus vielen unabhängigen Stadtstaaten, die jeweils von einem Fürsten regiert wurden, der auch Herr über die Dörfer und Kleinstädte im Umkreis der Hauptstadt war.

# Die Kanaaniter

In der Mittleren Bronzezeit (um 2000–1550 v.Chr.) erlebte Kanaan eine relativ friedliche Zeit und eine kulturelle Blüte. Später aber wurde es zum Schauplatz der Machtkämpfe der damaligen Weltmächte und kam unter ständig wechselnde Herrschaft. Zu jener Zeit dagegen war die geographische Lage zwischen den Großmächten von Vorteil. Es herrschte reger Handel mit Ägypten und auch die Handelsverbindungen nach Syrien, Anatolien und Zypern wurden ausgebaut. Die unterschiedlichen ausländischen Einflüsse wirkten sich positiv auf Kunst, Architektur und Handwerk in Kanaan aus. Gegen Ende der Bronzezeit (1550–1150 v.Chr.) stand Kanaan unter ägyptischer Herrschaft. Dadurch wurde es in den weit reichenden ägyptischen Welthandel einbezogen, der bis nach Mykene auf dem griechischen Festland reichte. Doch die Kultur Kanaans war mittlerweile so gefestigt, dass sie auch unter den verschiedenen Einflüssen Bestand hatte.

**STERNSTUNDEN**
Dieser Sternanhänger aus Tell el-Addschul zeigt die Kunstfertigkeit der kanaanitischen Goldschmiede im 16. Jh.v.Chr.

**STEINBOCK UND PALME**
Wie in diesen Pokal aus Lachisch zierten Steinböcke und Palmen, oft in stilisierter Form, die Keramik Kanaans in der ausgehenden Bronzezeit.

**SCHÖPFER**
Mit kleinen Krügen schöpfte man aus Vorratsgefäßen. Oft steckte man einen Stock durch den Henkel und hängte den Schöpfer damit über den Ausguss eines Vorratskruges.

**FÜR UNTERWEGS**
Die Kanaaniter waren sehr einfallsreich. Diese witzige Pilgerflasche aus der Späten Bronze hat einen eingebauten Trinkbecher.

**EULEN NACH ATHEN**
Siegel im ägyptischen Stil benutzte man – auch in Kanaan –, um Eigentum zu kennzeichnen. Viele solcher Siegel wurden von Kanaanitern hergestellt und sogar nach Ägypten exportiert.

**PRACHT UND PRUNK**
Diese elfenbeinerne Schmuckplatte aus Megiddo zeigt den kanaanitischen König auf seinem von Sphingen getragenen Thron beim Empfang eines Siegeszuges. Rechts ist der König in seinem Streitwagen dargestellt.

**IMPORTWARE**
Dieses Gefäß in Form eines Stier kam aus Zypern nach Kanaan.

**EIN STANDBEIN**
Häufig wurden kleine Bronzefigürchen als Tempelgaben hergestellt. Diese Figur aus Lachisch stellt einen beinamputierten Kanaaniter dar (die Arme waren ursprünglich beide vorhanden).

**STADTHÜGEL**
Die Tells der kanaanitschen Städte sind noch heute prägende Elemente der Landschaft Palästinas.

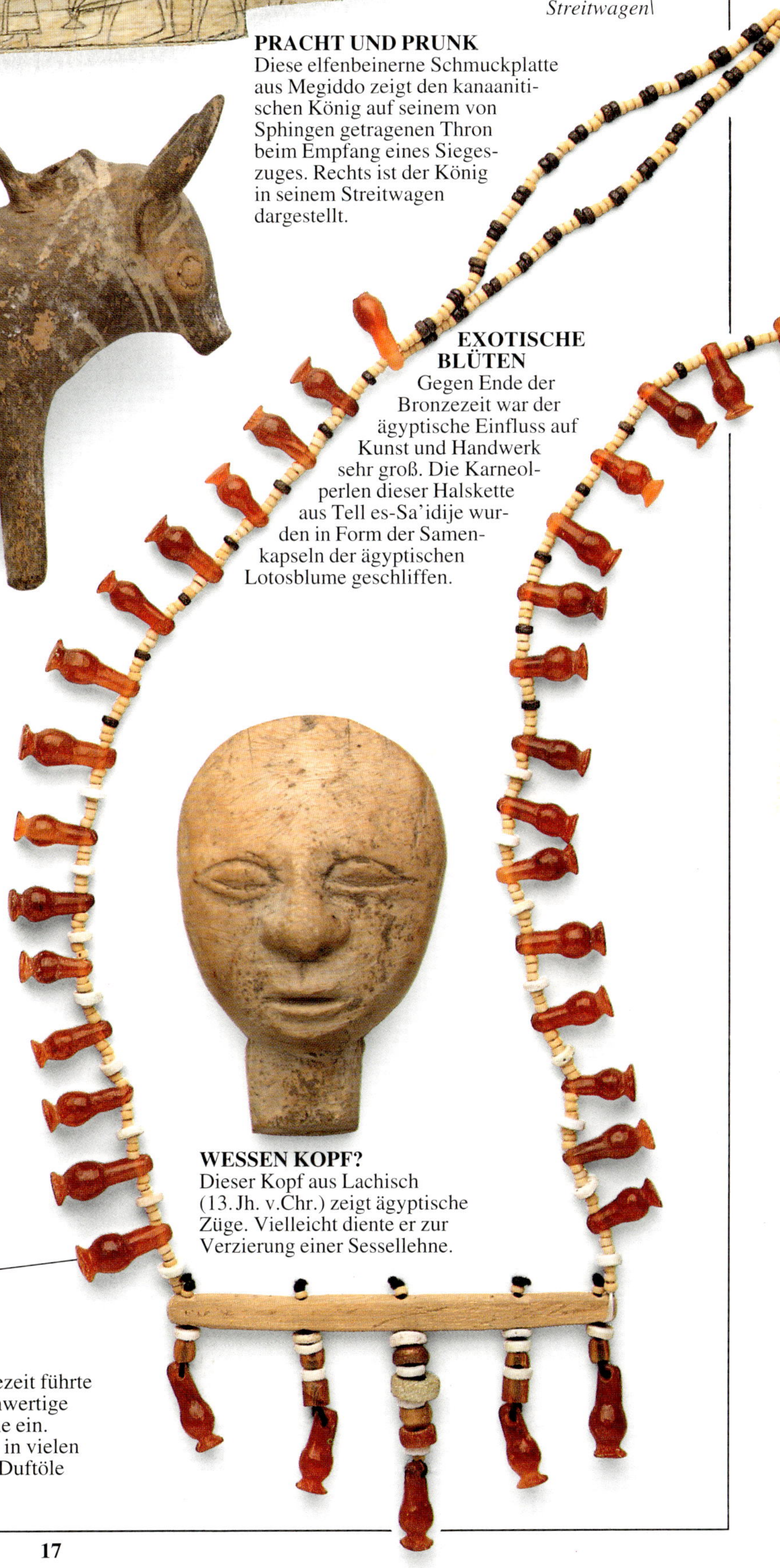


**EXOTISCHE BLÜTEN**
Gegen Ende der Bronzezeit war der ägyptische Einfluss auf Kunst und Handwerk sehr groß. Die Karneolperlen dieser Halskette aus Tell es-Sa'idije wurden in Form der Samenkapseln der ägyptischen Lotosblume geschliffen.

**WESSEN KOPF?**
Dieser Kopf aus Lachisch (13. Jh. v.Chr.) zeigt ägyptische Züge. Vielleicht diente er zur Verzierung einer Sessellehne.

**WEIT GEREIST**
In der späten Bronzezeit führte man in Kanaan hochwertige Keramik aus Mykene ein. Man nimmt an, dass in vielen dieser Gefäße teure Duftöle aufbewahrt wurden.

# Bestattungsriten

Die Menschen im alten Orient behandelten ihre Toten mit großer Ehrfurcht, die schon im Bau des Grabes ihren Ausdruck fand. Oft wurden die Gräber tief in Felsen gehauen. Man begrub den Leichnam, Verbrennungen waren nicht üblich. Es gibt Anzeichen dafür, dass man an ein Leben nach dem Tode glaubte. Darauf lassen nicht nur die religiösen Schriften jener Zeit schließen, sondern auch die Grabfunde. Man gab den Toten Dinge mit ins Grab, die sie für ihr späteres Leben benötigen könnten: Schmuck, Geschirr, Werkzeuge und Waffen, ebenso Speisen und Getränke. Solche Gräber geben heute Aufschluss darüber, was die Menschen damals glaubten, welche Gegenstände sie im täglichen Leben benutzten, wie die Menschen gebaut waren und von welchen Krankheiten sie heimgesucht wurden. Die hier abgebildeten Gegenstände stammen aus einem Kindergrab vom Tell es-Sa'idije im Westjordanland, der biblischen Stadt Saretan.

**STATT KNOPF**
Gewänder befestigte man mit Nadeln oder Broschen. Diese Brosche hielt das Totenhemd des Kindes zusammen.

**AM ARM**
Am linken Handgelenk trug das Mädchen eine Kette aus Karneol- und Silberperlen.

Dieser silberne Ring steckte an der linken Hand.

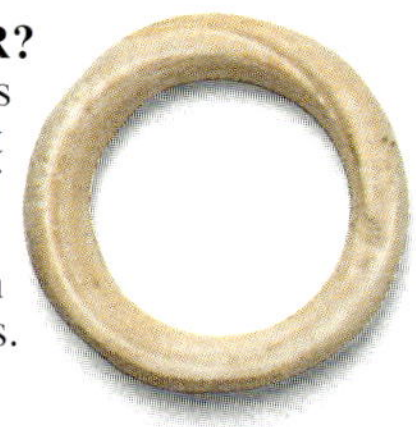

**GLÜCKSBRINGER?**
Diesen einfachen Ring aus Speckstein fand man nicht am Finger, sondern auf der Brust des Mädchens. Vielleicht trug es ihn an einem Band um den Hals.

**NUR EINER**
Ohrringe wurden oft einzeln getragen. Dieser Silberring lag unter dem Schädel, das Kind trug ihn am linken Ohr.

**KOPFSCHMUCK**
Diese Ösenklammer fand man auf dem Kopf des Kindes. Vielleicht hielt sie eine Quaste an einer Mütze.

**AM BEIN**
Bronze war auch noch in der Eisenzeit ein beliebtes Schmuckmetall. Diese beiden Reifen wurden an den Fußgelenken getragen.

*Die Enden sind mit Kerben verziert.*

*Rillen zur Fadenführung*

**GESCHMÜCKTE GEBEINE**
Dieses Foto zeigt die Unterschenkel des Mädchens mit den oben abgebildeten Bronzespangen.

**REICHGESCHMÜCKT**
Das Mädchen in diesem Grab stammt aus einer reichen Familie. Seine Halskette besteht aus Karneol- und Silberperlen, in der Mitte funkeln Achate. Die Silberperlen sind sehr fein gearbeitet.

**SPIELZEUG**
Diese Bronzespindel ist eine ungewöhnliche Grabbeigabe. Vielleicht war Spinnen eine Lieblingsbeschäftigung des Kindes.

**NUCKELFLASCHE?**
Dieses Gefäß in Form eines Tieres (vielleicht eines Kalbes) besitzt oben eine Seihplatte und in der Schnauze ein Loch. Vielleicht war es eine Art Schnabeltasse. Sie war schon etwas kaputt, als sie dem Kind ins Grab gelegt wurde. Möglicherweise hatte es an seiner alten Nuckelflasche sehr gehangen.

**WEISSE PEERLEN**
Die Perlen dieses Armkettchens vom rechten Arm wurden aus Muschelschalen geschliffen.

# Ein Kindergrab

Die Gegenstände auf dieser Doppelseite stammen aus dem Grab eines siebenjährigen Mädchens, das in einer einfachen Grube bestattet wurde. Spuren einer weißen Substanz in der Erde zeigen, dass es in ein weißes Leinentuch gehüllt war. Diese Aufnahme zeigt Kind und Grabbeigaben in Fundposition.

**RANGZEICHEN**
Das Siegel des Kindes zeigt einen Stier und ein geflügeltes Sonnenzeichen. Es weist auf eine angesehene Familie hin.

Elfenbeinerne Möbelverzierung aus Samaria

# Die Israeliten

Um 1150 v.Chr. hatten sich die Ägypter aus Kanaan zurückgezogen und hinterließen ein Vakuum, das die Israeliten und die Philister ausfüllten. Fast 100 Jahre lang lebten diese Völker in guter Nachbarschaft, die Philister in der Küstenebene, die Israeliten in den kargeren Bergregionen. Im 11. Jahrhundert aber versuchten die Philister ihr Gebiet auszudehnen. Unter dieser Bedrohung schlossen sich die Stämme Israels zu einem Staat zusammen, zuerst unter der Führung Sauls, dann Davids. Um 1000 v.Chr. nahm David Jerusalem ein und wurde zum König Israels ausgerufen. Er schlug schließlich die Philister und dehnte das Gebiet Israels aus. Unter David und seinem Sohn Salomo erlebte der Staat Israel eine Blüte. Das Handelswegenetz wurde ausgebaut, der Tempel in Jerusalem errichtet. Nach Salomos Tod im Jahre 928 kam es zu Spannungen zwischen dem Nordreich und dem Südreich und schließlich zur Spaltung in die Staaten Juda mit der Hauptstadt Jerusalem im Süden und Israel mit der Hauptstadt Samaria im Norden.

**DER UNTERGANG**
Dieser Stich aus dem 19. Jh. zeigt die Zerstörung des Tempels in Jerusalem durch die Babylonier im Jahre 587 v.Chr.

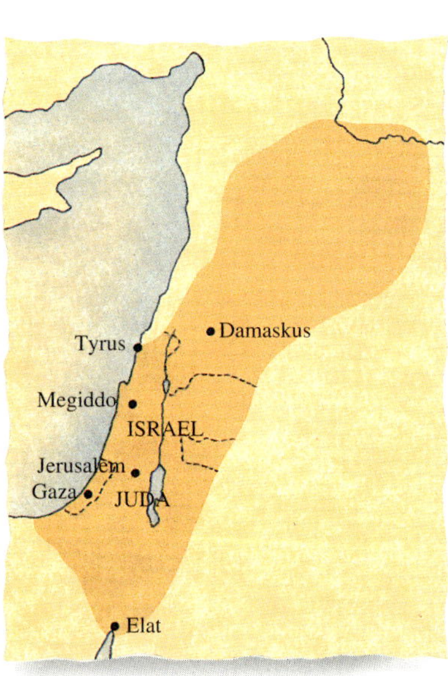


**ZWEI REICHE**
Diese Karte zeigt das davidische Reich, das nach Salomo zerfiel: Israel im Norden und Juda im Süden.

**ERSTMALS ERWÄHNT**
Diese Stele des Pharaos Mernephta (1235–1223 v.Chr.) dokumentiert die Siege des Königs gegen die Libyer, gegen Gezer, Askalon und Israel. Letzteres wird hier nicht mit der Hieroglyphe für „Land“ genannt, sondern mit der für „Volk“. Israel war also noch kein Staat.

**PHÖNIZISCHER LÖWE**
Dieses Bruchstück einer Elfenbeinplatte zeigt das Hinterteil eines Löwen. Er stammt aus dem Palast König Ahabs in Samaria und wurde von phönizischen Künstlern angefertigt. Israel und Phönizien unterhielten enge Handelsbeziehungen.

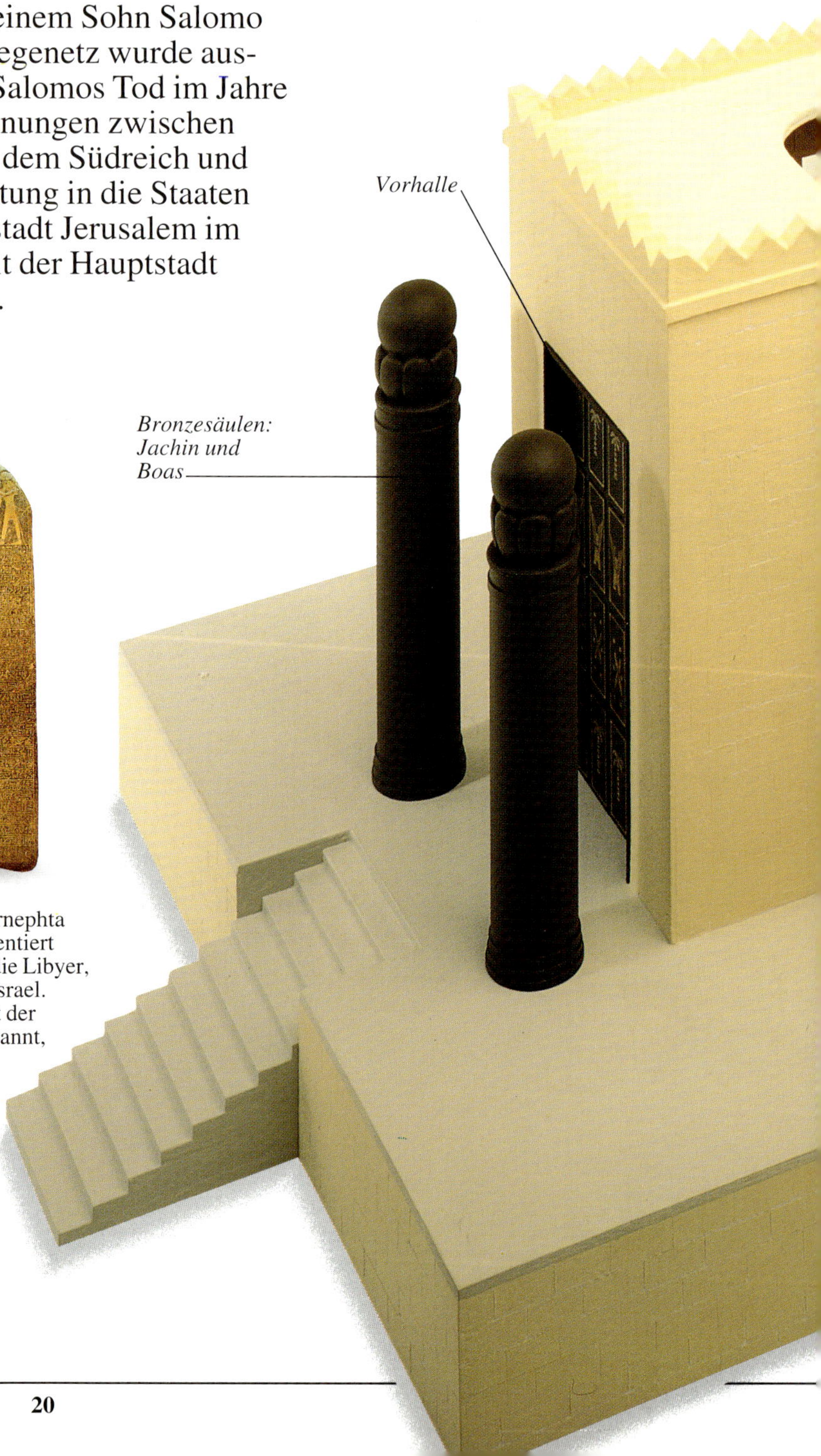

Salomo

# Salomos Tempel

Einträglicher Handel und eine straff organisierte Verwaltung ermöglichten es Salomo, sich als Bauherr einen Namen zu machen. Er ließ prachtvolle öffentliche Gebäude und gewaltige Stadtmauern errichten. Sein bedeutendstes Bauwerk aber war der Tempel in Jerusalem. Heute sind von ihm keine Spuren erhalten. Die Bibel liefert allerdings genaue Beschreibungen. Diese und Ausgrabungen bei anderen Tempeln aus der gleichen Zeit ermöglichen Rekonstruktionen wie die auf dieser Doppelseite.

**SPHINX ODER CHERUB?**
Die in der Bibel oft erwähnten „Cherubim“ waren geflügelte Löwen mit Menschenkopf – Sphingen.

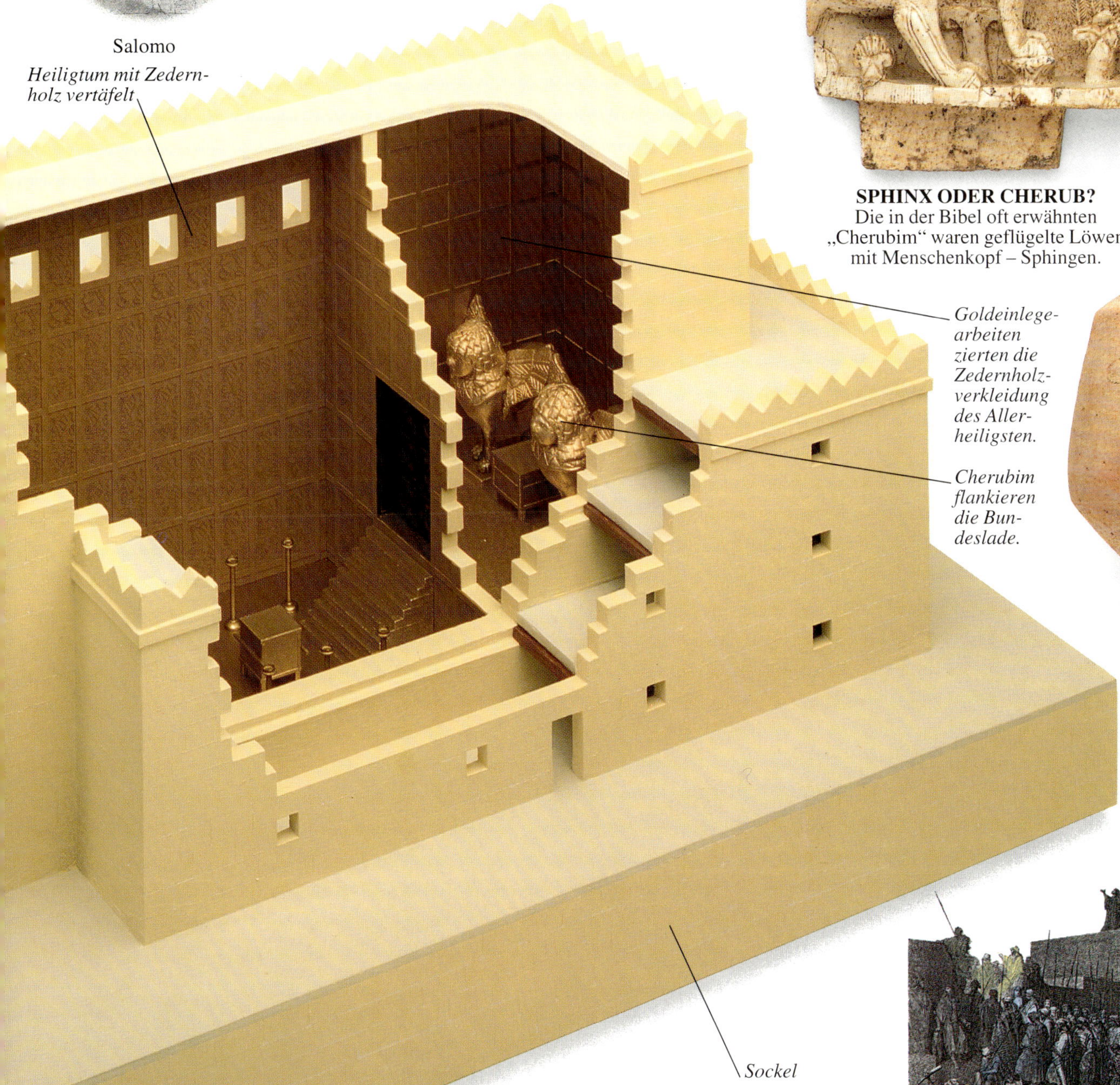

Dieser israelitische Flaschenkrug wurde für Wein oder Wasser benutzt (Juda, 8. Jh.).

**ZEICHEN DES KÖNIGS**
Die Prägung dieses Kruges zeigt den geflügelten Skarabäus, Zeichen des Königs von Juda, zusammen mit dem Namen des bedeutenden Warenumschlagplatzes Soko.

**EIN HEER VON ARBEITERN**
Jeder Mann musste Salomo Arbeitsdienst leisten. Nur so konnte er den Tempel bauen.

# Die Phönizier

Nach der phönizischen Inschrift gehört dieses Siegel „Tamak-El, Sohn des Milkam".

Im 2. Jahrtausend v.Chr. hatten die Israeliten den größten Teil Palästinas eingenommen. Nur der Küstenstreifen im Süden wurde von den Philistern behauptet. Im Norden kontrollierten die mächtigen aramäischen Königreiche Mittel- und Nordsyrien. Das restliche Gebiet Kanaans wurde Phönizien. Der Name des Landes leitet sich vom griechischen Wort für „Purpur" ab, denn die phönizischen Städte waren berühmt für ihre Purpurstoffe (S. 41). Es gab kaum Ackerland in Phönizien, so verdienten die Menschen auf See ihr Brot. Sie wurden große Seefahrer und Händler. Die Phönizier waren ausgezeichnete Handwerker und im ganzen Nahen Osten gefragt. Salomo erhielt gegen Abtretung von 20 Orten vom phönizischen König Gold, Zedernholz sowie Künstler und Bauleute für den Bau des Tempels.

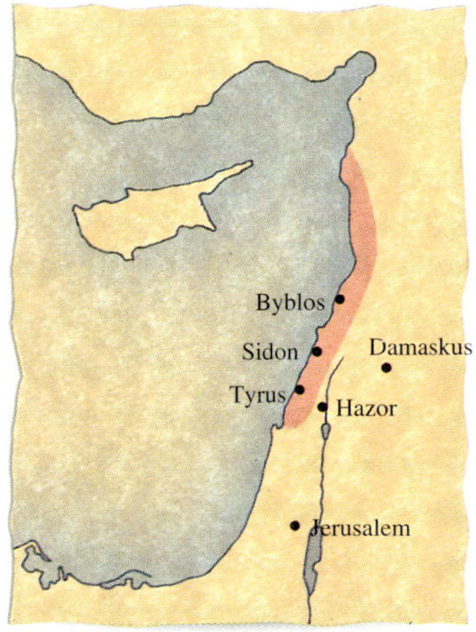


**DAS LAND DER PHÖNIZIER**
Das Küstenland Phönizien ist hier rot eingezeichnet. Die wichtigsten Zentren waren Byblos, Sidon und Tyrus.

**WEIT HERUMGEKOMMEN**
Gefäße wie dieser schöne Krug, in dem man wahrscheinlich Duftöl transportierte, wurden im ganzen östlichen Mittelmeergebiet gehandelt.

*Sphinx*

*Geometrische Muster*

**STILMISCHUNG** *oben*
Die weit gereisten Phönizier kombinierten verschiedene Stile. Auf dieser Bronzeschale sind ägyptische Sphingen mit nordsyrischen geometrischen Mustern kombiniert. Das Arrangement erinnert an die Kunst der Ägäis.

**SCHNELLBOOTE**
Dieses assyrische Relief zeigt ein phönizisches Schiff: Mit zwei Ruderreihen auf jeder Seite war diese Bireme schnell und wendig.

**HANDELSSTÜTZPUNKT**
Die Phönizier wurden als Seefahrer berühmt. Phönizische Händler gründeten Handelsniederlassungen rund ums Mittelmeer. Die berühmteste war Kathargo, das 814 v.Chr. von Siedlern aus Tyrus gegründet wurde.

**ZART UND ZERBRECHLICH**
Ein bedeutender Erwerbszweig der Phönizier war die Glasherstellung. Sie mischten fein zermörserten Sand mit Soda und gaben verschiedene Farbstoffe zu. Bei hoher Temperatur verschmolz die Mischung zu farbigem Glas.

**GUT GEFORMT**
Das Glasblasen war bei den Phöniziern noch nicht bekannt. Solche Gefäße entstanden, indem die Glasschmelze über einen Tonkern geformt wurde.

**REICHE BEUTE**
Diese Elfenbeinschnitzerei zierte wahrscheinlich ein Prunkmöbel. Sie wurde in der assyrischen Hauptstadt Nimrud gefunden, wohin sie wahrscheinlich als Tribut (S. 48) oder Kriegsbeute gelangte.

**HÄFEN FÜR DEN HANDEL**
Die Phönizier bauten als technische Meisterleistungen große Hafenanlagen, die den lebenswichtigen Schiffsverkehr bewältigen konnten. Das Foto zeigt das moderne Byblos, das einst ein wichtiger phönizischer Hafen war.

*Die Inschrift lautet „Pfeilspitze des Ada, Sohn des Ba'l'a".*

**DAS ABC DES WELTHANDELS**
Das erste Alphabet erfanden wahrscheinlich die Kanaaniter in der Mittleren Bronzezeit. Doch die Phönizier vervollkommneten das System. Auf dieser Pfeilspitze erscheinen einige Schriftzeichen ihres 22-Buchstaben-Alphabets, das die Grundlage der griechischen und später der römischen Schrift bildete.

# Götter und Göttinnen

Bis sich der israelitische Eingottglaube durchsetzte, wurden im Heiligen Land eine ganze Reihe von Gottheiten verehrt. Für die verschiedenen Lebensbereiche wie Krieg, Wetter, Fruchtbarkeit, Ernte usw. kannte man auch verschiedene Götter. Die meisten Erkenntnisse über diese Götter verdanken wir einem ganzen Archiv von literarischen Texten, Epen und Mythen aus der Späten Bronzezeit in Keilschrift auf Tontafeln geschrieben, die bei Ras Schamra (Ugarit) in Syrien entdeckt wurden. Sie erzählen uns vom höchsten Gott der Kanaaniter El, dem „Vater der Menschen“, der die Himmel beherrschte. Seine Frau Aschera regierte über die Meere. Sie hatten über 70 Kinder, zu denen unter anderem der Fruchtbarkeits- und Sonnengott Baal und Astarte, die Liebes- und Fruchtbarkeitsgöttin, gehörten.

**ALTER GOTT?**
Die Stuckfiguren aus Ain Ghazal (S. 9) hatten wahrscheinlich eine rituelle Funktion. Doch es ist nicht bekannt, ob sie Gottheiten oder deren Anhänger darstellen.

**GOLDENE FRUCHTBARKEIT**
Dieser Anhänger zeigt Astarte, die kanaanitische Fruchtbarkeitsgöttin. Er stammt aus einem Goldschatz aus dem 16. Jh. v. Chr., den man bei Tell el-Addschul fand.

**BELIEBTE GOTTHEIT**
Der Kult um die Fruchtbarkeitsgöttin Astarte war in Kanaan weit verbreitet. Sogar die Israeliten beteten sie einst an. Diese Terrakottatafel aus Alalach (Syrien) stellt die Göttin dar.

**KRIEGSGOTT?**
Diese silberverzierte Bronzefigur stammt aus der Späten Bronzezeit. Sie stellt einen Krieger mit erhobener Waffe dar.

**BAALSPROPHETEN**
König Ahab heiratete die phönizische Prinzessin Isebel, die den Baalskult in Israel förderte. Der Prophet Elija flehte Gott an, zum Zeichen seiner Überlegenheit ein Opferfeuer zu entzünden.

**IM MONDENSCHEIN**
Dieser kanaanitische Tempel, den man bei Hazor ausgrub, war dem Mondgott und seiner Gattin geweiht.

**ÄGYPTISCHES AUGE**
Der Gott Horus wurde als Mensch und Falke dargestellt. Das „Auge des Horus“ war einer der beliebtesten ägyptischen Glücksbringer. Es zeigt ein menschliches Auge mit Falkenfedern.

**WESSEN HAND?**
Zwar hat man in Palästina viele kanaanitische Tempel und Heiligtümer ausgegraben, doch man weiß meist nicht, welche Gottheiten dort verehrt wurden. Diese Hand ist alles, was von der im Tempel zu Lachisch angebeteten Kultfigur erhalten ist.

**GOTT DES WEINES**
Der Fruchtbarkeitsgott Duschara, Stammgott der Nabatäer, wurde unter griechisch-römischer Herrschaft dem Weingott Dionysos (lat. Bacchus) gleichgesetzt (Büste aus schwarzem Basalt aus Siah in der Landschaft Hauran im Ostjordanland).

Die Fassade des Tempels in Jerusalem auf einer Münze von Simon Bar Kochba

**ASTARTE LEBT WEITER**
Obwohl die israelitischen Gesetze die Anbetung anderer Götter neben dem einen Gott Israels verboten, wurden bis in die Eisenzeit solche Statuetten von Fruchtbarkeitsgöttinnen hergestellt

**GRIECHISCHE GÖTTER**
Als Griechenland nach 332 v.Chr. Syrien und Palästina beherrschte, brachte es auch seine Götter und Göttinnen mit. Viele wurden angestammten Gottheiten gleichgesetzt. So übernahm Aphrodite die Rolle der Astarte.

Bast

Bast

Sphinx

Bast

**ÄGYPTISCHE GÖTTER** *links*
Oft wurden neben den kanaanitischen Gottheiten auch die der jeweiligen Besatzungsmacht verehrt. Als Kanaan unter ägyptischer Herrschaft stand, tauchten ägyptische Amulette auf und waren bis in die Eisenzeit beliebt. Diese Glücksbringer aus dem 9. Jh. v.Chr. zeigen die Sphinx mit Katzenkörper und Frauenkopf und die Sonnengöttin Bast.

# Nahrungsmittel

**MILCH UND HONIG**
Mose führte sein Volk in ein „Land, wo Milch und Honig fließt“: Fruchtbar, mit einer langen Ackerbau- und Viehzuchttradition.

Den vielleicht größten Fortschritt in der frühen Menschheitsgeschichte brachte die Entwicklung der Landwirtschaft. Die Menschen konnten sesshaft werden und mehr Nahrungsmittel produzieren, als sie brauchten. Es kam zu einem Aufschwung im Handel und zu einem explosionsartigen Bevölkerungswachstum. Im Heiligen Land begann man etwa zwischen 9000 und 6000 v.Chr., gegen Ende der Steinzeit, mit Ackerbau und Viehzucht. Aus geeigneten Pflanzen- und Tierarten wurden über Jahrhunderte hinweg nur die für die Bedürfnisse des Menschen geeignetsten Exemplare zur Fortpflanzung gebracht und so domestiziert. Die ersten Bauern bauten Weizensorten wie Emmer und Einkorn an, ebenso Gerste. Die Wildformen dieser drei Getreidearten stammen aus der Levante. Auch verschiedene Obst- und Gemüsesorten züchtete man.

Mörser aus der Eisenzeit

**AUS DER APOTHEKE**
Viele Kräuter wurden zum Würzen und als Arznei verwandt. Kreuzkümmel z.B. gab man bei Krämpfen. Aus seinem Öl konnte man Parfüm herstellen.

Lauch

Frühlingszwiebeln

**BESSER ALS MANNA**
Das Buch Numeri (Num 11,5) erzählt, wie die Israeliten nach dem Auszug aus Ägypten klagten und an die „Gurken und Melonen, an den Lauch, an die Zwiebeln und an den Knoblauch“ dachten während sie sich in der Wüste von Manna ernährten. Doch im gelobten Land gab es diese Früchte und Gemüse damals sicher auch. Noch heute sind sie in der arabischen Küche unverzichtbar.

**VIELSEITIGE LINSE**
Linsen baut man schon seit mindestens dem 7. Jtsd. v.Chr. an. Man kochte aus ihnen Suppe oder Brei oder vermahlte sie mit Getreide zu Mehl, aus dem Kuchen gebacken wurde.

**VOM WINDE VERWEHT**
Nachdem man die Getreidekörner aus den Halmen gedroschen hatte, warf man sie in die Luft. Der Wind blies die leichtere Spreu weg, die schwereren Körner fielen zu Boden. Das nennt man Worfeln.

**TERRASSENANBAU**
Terrassenkulturen sind heute im Heiligen Land weit verbreitet. So kann man auch die fruchtbaren Hügel nutzen.

**SPEIS UND TRANK**
Gerste ist eine der ersten Kulturgetreidesorten. Man verarbeitete sie zu Brot und Bier.

**ALTES KORN**
Zwar baute man Hirse schon vor 5000 Jahren in Mesopotamien an, doch im Heiligen Land hatte sie vor der Römerzeit nur untergeordnete Bedeutung.

**WEIZEN**
Die Körner der ersten Weizensorten, Einkorn und Emmer, hatten eine harte Schale, die sich nur schwer entfernen ließ. In biblischer Zeit waren diese Getreide durch den Durum- oder Hartweizen verdrängt worden, der nackte kleberreiche Körner hatte, leicht zu dreschen war und ein hervorragendes Mehl lieferte.

*Schneide*

**SICHEL**
Im 1. Jtsd. v.Chr. kamen Eisensicheln in Gebrauch.

**GETREIDEERNTE**
Solche Feuersteinklingen, oft mit gesägten Kanten, setzte man in Halterungen aus Holz oder Knochen ein und schnitt damit das Getreide. Sie wurden bis weit in die Bronzezeit hinein benutzt.



*Fortsetzung auf der nächsten Seite*

*Fortsetzung von Seite 27*

**UNTER PALMEN**
Dieses Relief aus dem Palast des Assyrerkönigs Sanherib zu Ninive zeigt eine Gruppe von chaldäischen Gefangenen, die durch Palmenhaine geführt werden.

**DER GARTEN EDEN**
Auf diesem Gemälde von Roelandt Jakobsz Savery (1576–1639) ist der Garten Eden, das Paradies, dargestellt. Die entsprechende Erzählung aus der Bibel behandelt die Vielfalt der Natur und die Stellung des Menschen in der Schöpfung.

**FREMDE FRUCHT**
In den Anfängen des Landbaus wurden Obstbäume oft aus Nachbarländern eingeführt. Äpfel kamen wahrscheinlich um 4000 v.Chr. aus Syrien oder der Türkei ins Heilige Land.

**WÜRZE DES LEBENS**
Gewürze werden im Alten Testament häufiger erwähnt. Josef wurde z.B. an ismaelitische Gewürzhändler verkauft (Genesis 37, 28). Zimt zum Kochen und Weinwürzen wurde aus Indien über Palästina nach Ägypten gebracht.

**EXPORTARTIKEL NR. 1**
Der Ölbaum stammt aus der syrisch-palästinensischen Region. Olivenöl benutzte man zum Kochen, in der Medizin, als Parfümgrundlage und als Lampenöl. So wurde es zu einem wichtigen Exportartikel und schon in der Bronzezeit im großen Maßstab hergestellt.

Frische Feigen

Getrocknete Feigen

**FRÜHE FRUCHT**
Den Ursprung der Feigen kennt man nicht, doch um 5000 v.Chr. waren sie im Heiligen Land weit verbreitet.

Gepresste Trockenfeigen

**VORRAT**
Feigen aß man häufig frisch. Doch man konnte sie auch trocknen und dann lange für Zeiten aufbewahren, in denen andere Nahrung knapp war

**REISEPROVIANT**
Man konnte Feigen auch pressen und zu Brot verarbeiten, Feigenbrot war ein nahrhafter Reiseproviant, den vielleicht schon Abraham auf seiner Reise von Ur nach Kanaan mitführte.

**ÖL BEI TISCH**
Olivenöl wurde meist in großen Vorratskrügen aufbewahrt. Bei Tisch aber servierte man es in kleinen Fläschchen wie diesem aus Tell es-Sa'idije aus dem 12. Jh.v.Chr.

**WERTVOLL**
In der Wüste Sinai wachsen nur wenige Bäume, darunter eine Akazienart, deren Holz für die Bundeslade verwandt wurde (Exodus 25, 10).

Pistazien

**EIWEISSREICH**
Nüsse sind nahrhaft, lassen sich leicht sammeln und lange lagern. Pistazien und Mandeln werden in der Bibel erwähnt. Die aus Syrien stammende Pistazie war im Mittelmeerraum sehr belebt.

**DATTELERNTE**
Dieses Relief aus dem alten Gozan (heute Tell Halaf, Syrien) stammt aus dem 9. Jh. v. Chr. Es zeigt einen Mann, der Datteln pflückt.

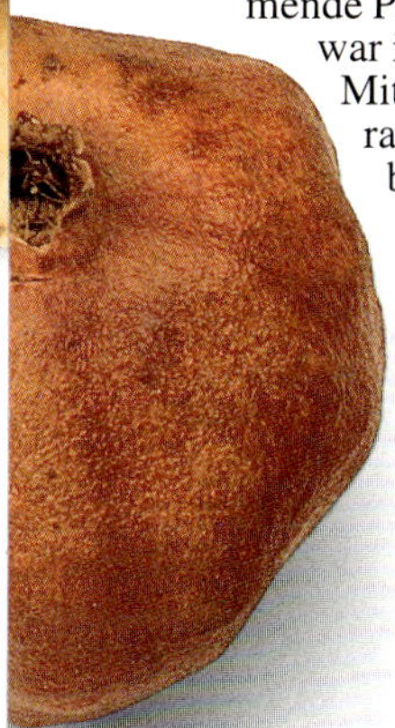

Mandeln

**GRANATAPFEL**
Der bittersüße Saft dieser Frucht war sehr teuer. Ursprünglich kommt sie aus Kleinasien, dem Kaukasus, Armenien und Persien, doch in der Mittleren Bronzezeit wurde sie im Heiligen Land angebaut. In einem bronzezeitlichen Grab in Jericho fand man verkohlte Granatäpfel.

Ölbäume pflanzt man seit mindestens 6000 Jahren an, nicht nur wegen der Früchte, der Oliven, sondern vor allem wegen des hochwertigen Öls.

**DIE FRUCHT VON JERICHO**
Dattelpalmen gediehen im „Fruchtbaren Halbmond" sehr gut und waren in dieser Gegend ein wichtiges Nahrungsmittel. Eine besonders saftige Sorte war die Jerichodattel. Ihr Anbau gab der Stadt den Namen. Jericho heißt übersetzt „Palmenstadt".



*Fortsetzung auf der nächsten Seite*

# Tiere

Der Heilige Pillendreher (Skarabäus) spielte in Ägypten eine wichtige Rolle; viele Siegel besitzen seine Form.

Palästina weist noch heute eine reiche Tierwelt auf, darunter 100 Säugetierarten. Viele Arten sind allerdings schon ausgerottet: Löwen, Bären, Strauße und Krokodile werden in der Bibel noch erwähnt. Die Tierknochen, die man bei Ausgrabungen findet, geben heute Aufschluss über Haus- und Jagdtiere früherer Zeiten und über den Wandel der Beziehungen zwischen Mensch und Tier im Laufe der Jahrtausende. Vor der Entwicklung von Ackerbau und Viehzucht diente die Jagd auf wilde Tiere hauptsächlich dem Nahrungserwerb; außerdem konnte man aus den Fellen der Tiere Kleidung herstellen. Als der Mensch begann Viehzucht zu treiben, nutzte er nicht nur Fleisch und Fell, sondern auch Wolle und Milch. Seit der Steinzeit hält man dazu Ziegen und Schafe. In der Kupferzeit kamen noch Schweine und Rinder als Haustiere hinzu.

Dieser Stich aus dem 19. Jh. zeigt Jesus als den „Guten Hirten".

**JE EIN MÄNNCHEN UND EIN WEIBCHEN**
Gott befahl Noah, eine Arche zu bauen und seine Familie und je ein Paar aller Lebewesen vor der Sintflut zu retten (Gemälde von Hans Jordaens). Diese Geschichte zeigt, wie wichtig den Menschen damals die Erhaltung der Tierwelt war.

*Das Loch in der Schnauze der hohlen Tonfigur lässt darauf schließen, dass dieses Gefäß eine Trinkflasche war.*

**SPIELTIER** *links*
Tierfiguren waren im Altertum als Spielzeug genauso beliebt wie heute. Diese eisenzeitliche Tonkuh aus Lachisch könnte aber auch als Trinkflasche gedient haben, denn sie besitzt eine Einfüllöffnung oben und eine Trinköffnung in der Schnauze.

**BIBLISCHER WIDDER**
Auch heute noch findet man in den felsigen Bergen Palästinas den Nubischen Steinbock.

**AFFENAMULETT**
Unter König Salomo führte man Affen aus Afrika nach Israel ein.

**WILDER EBER**
Dieses Amulett stammt aus Lachisch. Auch heute noch findet man im Dickicht der Jordanaue Wildschweine.

**SIMSON UND DER LÖWE**
Als das Alte Testament entstand, waren Löwen in Palästina noch häufig und gefürchtet.

**KÖNIGE FÜR DEN KÖNIG**
Der Schwarze Obelisk von Kalah, ein etwa 2 m hoher Gedenkstein aus schwarzem Basalt, erinnert an die militärischen Erfolge des Assyrerkönigs Salmanassar III. in seinen 31 Regierungsjahren. Dieser Ausschnitt zeigt einen Teil des Tributs, den der König von Sukha in Syrien dem Assyrer zahlt: zwei Löwen und einen Hirsch, Tiere, die am mittleren Euphrat heimisch waren.

**WALDBÄREN**
Der helle und recht kleine Syrische Braunbär bewohnte bis in die jüngste Vergangenheit das bewaldete Hügelland Palästinas.

**FLECKENKATZE**
Leoparden waren in biblischer Zeit in Palästina häufig. Noch 1974 wurde bei En Gedi ein Leopard gesichtet.

**AUF ENTENJAGD**
Enten waren beliebtes Jagdwild und wurden häufig dargestellt. Dieser elfenbeinerne Entekopf bildete wahrscheinlich den Griff eines Kosmetikspatels.

**IM STALL**
Die Bedeutung der Fleisch- und Milchtiere zeigen solche Darstellungen von der Geburt Jesu (Gustave Doré, 1832–83).

**DREI WEISE**
Die drei Weisen aus dem Morgenland reiten auf Dromedaren, die in Ägypten schon vor 3000 v.Chr. domestiziert wurden. Die zweihöckrigen Trampeltiere wurden erst in der Eisenzeit in den Hausstand übernommen.

# Kleidung

**RANG UND REICHTUM**
Der hoch aufgetürmte Kopfschmuck dieser reichen Frau aus dem 10. Jh. v. Chr. zeigt ihren hohen Rang.

Da Textilien nur selten erhalten sind, beruht unser Wissen über Kleidung und Mode früherer Zeiten hauptsächlich auf Darstellungen in Form von Gemälden, Skulpturen oder Modellen. Die ersten Menschen hüllten sich wahrscheinlich in Tierfelle. Doch die Kunst des Spinnens und Webens geht mindestens bis ins 7. Jahrtausend v. Chr. zurück. Dies wird von hervorragend erhaltenem Material, das man bei Nahal Hemar in der Wüste Juda fand, belegt. Auch einige der Geräte zur Textilherstellung sind erhalten. Später trugen die Menschen Kleidung aus den verschiedensten Stoffen, oft mit Naturfarben leuchtend gefärbt. Leder und Fell waren ebenfalls wichtige Materialien, aus denen man Schuhe, Hüte und Kleidung fertigte.

**ÄGYPTISCHER EINFLUSS**
Die weit gereisten Phönizier kannten Mode und Trachten vieler Länder. Die Figur auf dieser phönizischen Elfenbeinplatte trägt Kleidung im königlich-ägyptischen Stil.

**KNOCHENSCHIFFCHEN**
Dieses beinerne Weberschiffchen wurde wahrscheinlich durch die Kettfäden auf einem Webrahmen durchgeschossen und dann fest nach oben gezogen, damit die Schussfäden dicht aneinander zu liegen kamen.

Ahle

Schiffchen

**HALB SCHULTERFREI**
Diese Israeliten tragen Käppchen, lange Röcke und Übermäntel, die über einer Schulter zusammengehalten werden. Die andere Schulter bleibt frei. Mäntel und Röcke besitzen Fransensäume und waren wahrscheinlich bunt gemustert.

**SCHWERWIEGEND** *unten*
Solche Gewichte aus ungebranntem Ton zogen die Kettfäden am Webrahmen nach unten.

**SPINNEREI** *oben*
Beim Spinnen werden Fasern zu einem langen Faden verdreht. Dazu benutzte man früher Spindeln aus einem Stab mit einer Art „Schwungrad“, durch das der Faden in Drehung versetzt wurde.

**REBEKKA**
Hier ist Rebekka, die Frau Isaaks, mit dem Knecht Abrahams an der Quelle abgebildet (Genesis 24), in Kleidung, die man im 19. Jh. den biblischen Gestalten zuschrieb.

**SICHERHEITSNADEL**
Seit etwa 1000 v.Chr. wurde die Kleidung nicht mehr mit Knebelnadeln sondern mit Fibeln (Broschen) befestigt. Diese stammt aus der Perserzeit.

**GEKNEBELT**
Mit Knebelnadeln aus Bronze oder Geld hielt man die Kleidung zusammen. Mit dem „Öhr“ wurde die Nadel auf der einen Seite befestigt. Auf der anderen Seite nähte man ein Band an, das um die Nadel gewickelt wurde.

*Nadelöhr*

Knebelnadeln aus der Mittleren Bronzezeit

**VERSCHLEIERT**
Dieses Relief zeigt jüdische Frauen und Kinder, die nach dem Fall Lachischs als Gefangene abgeführt werden. Die Frauen tragen eine lange Tunika und einen Schleier, der das Haar und die Tunika bis zum Saum bedeckt.

*Webmuster der Stoffumwickelung*

**GEWEBESPUREN**
In vielen Gräbern aus dem 12. Jh. v.Chr. in Tell es-Sa'idije fand man in Stoff gewickelte Bronzegegenstände, deren Korrosionsprodukte den Stoff konservierten. Diese Wurfspeerspitze war in ägyptisches Leinen gehüllt.

**KOPFSCHMUCK**
Die Kanaaniter liebten Haar- und Kopfschmuck. Dieses zarte goldene Kopfband aus Tell el-Addschul stammt aus dem 16. Jh. v. Chr.

*Das feine biegsame Metallband konnte um den Kopf gewunden werden.*

**SANDALEN**
Solche Sandalen aus einem Stück Leder in Fußform und mit Lederiemen trägt man in Palästina seit über 4000 Jahren. Dieses gut erhaltene Exemplar stammt aus der Römerzeit und wurde bei Masada (S. 55) ausgegraben.

Verschiedene Modelle römischer Sandalen.

# Schmuck

Goldene Ohrringe (Lachisch, Römerzeit)

Schon immer scheint es den Menschen ein Bedürfnis gewesen zu sein, ihren Körper durch Schmuck und Kosmetik zu verschönern. Dadurch konnte der gesellschaftliche Rang gezeigt werden oder man konnte seine Religionszugehörigkeit zum Ausdruck bringen. Einfache Perlen und Anhänger aus Knochen, Muschelschalen und Stein findet man oft in prähistorischen Gräbern. Auch als man Gold und Silber schmieden konnte, benutzte man noch lange diese alten Materialien. Im Kanaan der Mittleren und Späten Bronzezeit entwickelte sich die Schmuckherstellung zu einem regelrechten Kunsthandwerk. Goldschmuck weist komplizierte Bearbeitungsmethoden auf, z.B. die Repoussée-Technik, bei der man ein Relief auf der Vorderseite durch Einhämmern auf der Rückseite enthält, oder Granulation, bei der man kleine Metallkörnchen verarbeitet. Die Israeliten übernahmen diese Kunst nicht, wohl aber die Phönizier, deren Schmuckgegenstände in der damaligen Welt sehr gefragt waren.

**GRANULIERT**
Dieser silberne Ohrring (Eisenzeit) zeigt körnige Verzierungen.

**HOHLES GOLD**
Dieser Goldohrring aus der Perserzeit ist aus Hohlkugeln zusammengesetzt.

**HAARSCHMUCK**
Aus Knochen oder Elfenbein stellte man Kämme her. Oft waren geometrische Muster oder Bilder aus der Natur eingeritzt.

**SCHMINK-KNOCHEN**
In der Frühen Bronzezeit benutzte man kunstvoll gravierte ausgehöhlte Knochen als Behälter für Augen-Make-up.

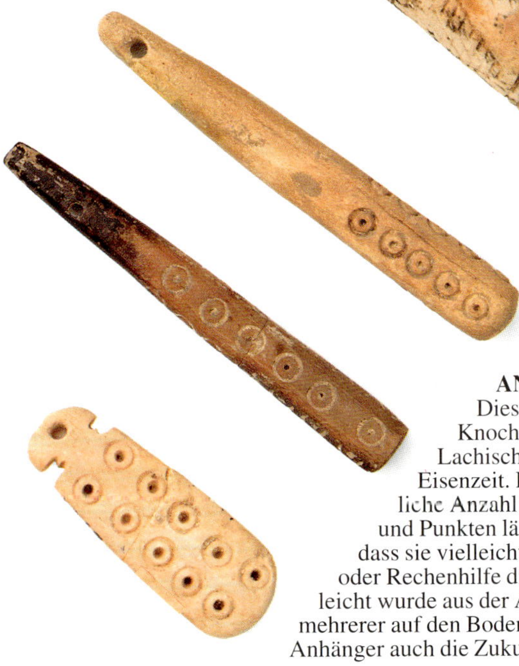

**ANHÄNGER**
Diese ungewöhnlichen Knochenanhänger aus Lachisch stammen aus der Eisenzeit. Die unterschiedliche Anzahl von Kreisen und Punkten lässt vermuten, dass sie vielleicht als Kalender oder Rechenhilfe dienten. Vielleicht wurde aus der Anordnung mehrerer auf den Boden geworfener Anhänger auch die Zukunft gelesen.

Der Ring konnte leicht zur passenden Größe verbogen werden.

Arm- und Beinreifen waren in der Eisenzeit beliebt.

*Fayence-Perle*

**AUFGEFÄDELT**
Wie die meisten kanaanitischen Halsketten fand man auch diese ohne Faden. Die Reihenfolge der Perlen ist somit willkürlich.

**BLAUER GLANZ**
In der Späten Bronzezeit stellte man viele Perlen aus Fayence her, einer Keramik mit gefärbter Bleiglasur.

**ÄGYPTISCHE PALMEN**
In der Späten Bronzezeit ist der ägyptische Einfluss bei Schmuck unverkennbar. Die Palmetten z.B. sind typisch ägyptisch.

*Palmette*

**SCHMUCKOPFER**
Diese Anhänger aus dem Wallgrabentempel von Lachisch, einem Heiligtum aus der Späten Bronzezeit, waren wahrscheinlich Opfergaben.

*Das Gold wurde über einer Form gehämmert.*

**KÖNIGLICHER LUXUS**
Der Schmuck, den Vivian Leigh in der Rolle der Kleopatra trug, wurde nach Originalen aus dem Nahen Osten gefertigt.

**UNTER DER GÜRTELLINIE**
An den Knöcheln einer Tonfigur aus der Eisenzeit erkennt man Schmuckreifen.

*Spuren von Leinen*

**KÜNSTLICHER FISCH**
Gegen Ende der Bronzezeit wurden viele Dinge aus Ägypten nach Kanaan eingeführt. Diese elfenbeinerne Kosmetikdose in Fischform befand sich in einer Bronzeschüssel, die man einem Toten mit ägyptischen Leinen über die Geschlechtsteile gebunden hatte (Fundort: Tell es-Sa'idije, 12. Jh.v.Chr.).

Diese phönizische Glasflasche (Amathus, Zypern) enthielt möglicherweise Weihrauchharz.

# Geld und Handel

Das Heilige Land liegt im Herzen des fruchtbaren Halbmondes (S. 10). Dadurch wurde es zu einem Knotenpunkt des internationalen Handels. Die Händler reisten nach Ägypten im Süden, Anatolien im Norden und Mesopotamien im Osten; zu den Mittelmeerinseln segelten Handelsschiffe. Schon in der Jüngeren Steinzeit handelte man mit Obsidian, einem schwarzen vulkanischen Glas, das zur Werkzeugherstellung verwandt wurde. Doch erst im 3. Jahrtausend legten die wachsenden Städte den Grundstein zu einem Handel, der die Kulturen der Region jahrtausendelang belebte. In Palästina begann man Ackerbau zu treiben und Korn, Mehl, Öl und Wein zu exportieren. Auch die Produkte des kanaanitischen Handwerks wurden weit verkauft. Dafür führte man aus anderen Ländern Rohstoffe wie Holz und Metall ein.

**AUSGEWOGEN**
Ehe man Münzen prägte, bezahlte man Handelsgüter mit den verschiedensten Dingen. Oft wurden Metallbarren als Währung benutzt. Um ihren Wert zu bestimmen, musste man sie zunächst wiegen. Dazu benötigte man genaue Gewichte. Diese Löwengewichte wurden für den Assyrerkönig Salmanassar III. hergestellt und tragen seinen Namen.

Während des ersten Aufstands gegen die Römer (66 n.Chr.) prägten die Juden eigene Münzen.

**PLANWAGEN**
Dieses Tonmodell eines Planwagens aus Hama (Syrien) zeigt den Wagentyp, den man im 3. Jtsd.v.Chr. benutzte. In solchen Wagen wurden Waren transportiert und reisten Handwerker von Ort zu Ort.

**SCHEKEL**
Die jüdische Standardmünze und gleichzeitig Gewicht war der Schekel. Diese Münze aus der Zeit des Judenaufstands trägt die Inschrift „Heiliges Jerusalem“.

**RAST AM SINAI**
Dieser Ausschnitt aus einem Gemalde Edward Lears (1812–88) zeigt eine Karawane, die am Fuße des Sinai rastet. Mit solchen Kamelkarawanen zogen die Händler durch den ganzen Orient.

**RÖMERGELD**
Seit der Zeit Alexanders des Großen benutzte man im Heiligen Land Münzen. Römermünzen trugen das Bild des Kaisers (hier: Vespasian).

**EIN ODER ZWEI HÖCKER?**
Auf dem Schwarzen Obelisken (S. 33) sind zweihöckrige Kamele abgebildet, die es im Heiligen Land vor der Regierungszeit Salomos nicht gab. Auch heute bevorzugt man im Nahen Osten die einhöckrigen Dromedare.

Münze aus dem zweiten Judenaufstand (132–135 n.Chr.) mit dem Namen des Anführers Simeon

Wegen ihrer weiten Verbreitung dienten Münzen wie diese aus der Zeit des zweiten Judenaufstands oft der Propaganda. Die erste trägt die Inschrift „Jahr der Befreiung Israels", die zweite den Namen des Anführers Simeon.

**MANN DES VOLKES?**
Diese Bronzemünzen mit Helm und Weintraube stammen aus der Zeit des Herodessohnes Archelaus (4 v.Chr.–6 n.Chr.). Die griechische Inschrift lautet „Herodes, König des Volkes".

**DROGENAMPHOREN**
Gegen Ende der Bronzezeit kamen solche kleinen Krüge, „Bilbils", nach Kanaan. Eine Untersuchung des Inhalts ergab , dass in einigen von ihnen Opium aufbewahrt wurde. Der Krug erinnert an eine umgekehrte Mohnkapsel, aus der die Droge gewonnen wird.

*Fortsetzung auf der nächsten Seite*

*Fortsetzung von Seite 39*

Bronzemünze von Agrippa I. (37–44 n.Chr.), dem Enkel von Herodes dem Großen, mit Parasolpilz als Zeichen des Königs

**STATT GELD**
Edelmetallbarren dienten häufig als Währung. Dieser Silberbarren stammt aus Sendschirli, dem alten Samal.

**VERTREIBUNG DER HÄNDLER**
Jesus von Nazaret missfiel der Handel im „Haus des Gebetes“. Deshalb stieß er die Tische der Händler und Geldwechsler im Tempel um.

**GEDENKMÜNZE**
Diese Münze mit der Inschrift „Judaea Capta“ erinnert an die Niederwerfung des ersten Judenaufstandes (S. 55) durch die Römer.

Aufgrund der Henkelform nennt man diese Kannen „Bügelkannen“.

**IMPORTWARE**
Solche Bügelkannen aus Mykene wurden in der Späten Bronzezeit nach Kanaan eingeführt. Sie enthielten vielleicht Parfüm.

**HANDELSSCHIFF DER FLOTTE SALOMOS**
König Salomo baute mit Hilfe des Königs Hiram von Tyrus in Esjon Geber (am Golf von Elat) am Roten Meer einen großen Hafen. Dort war eine israelisch-phönizische Handelsflotte stationiert. Alle drei Jahre liefen Schiffe nach „Ophir“ (vielleicht Somalia aus, um Gold zu holen.

**VORRATSKRUG**
Im 12. Jh.v.Chr. war Tell es-Sa'idije ein ägyptisches Verwaltungs- und Handelszentrum. Dort wurden Waren von jenseits des Jordans auf Schiffe verladen, die sie nach Ägypten brachten. In einem Lagerraum fand man solche Krüge im ägyptischen Stil, in denen Wein aufbewahrt und transportiert wurde.

**MEERESRÖSSER**
Bauholz war schon immer eine begehrte Ware. Das teuerste und beste Holz stammte von den „Zedern des Libanon“. Dieses assyrische Relief (8. Jh.v.Chr.) zeigt phönizische Handelsschiffe, die an der syrischen Küste entlang rudern. Diese Schiffe nannte man *hippoi* (= Pferde); ihr Bug war mit Pferdeköpfen verziert.

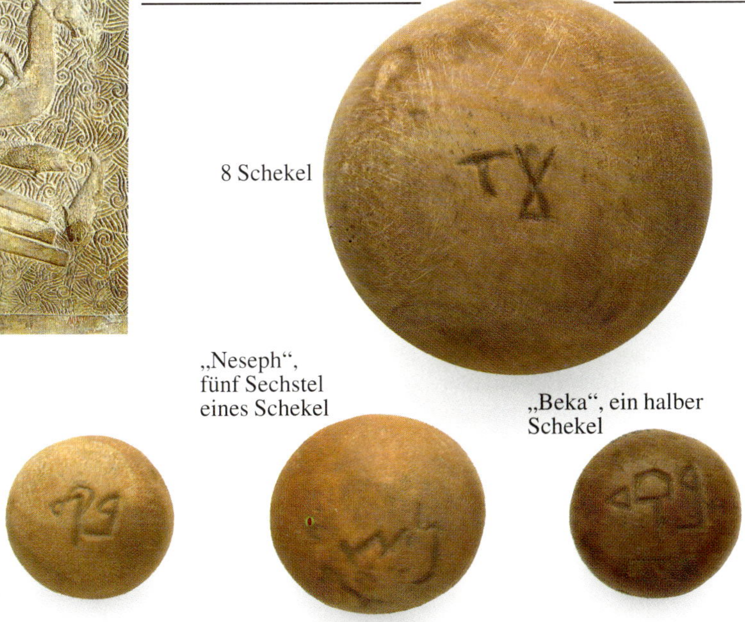

8 Schekel

„Neseph“, fünf Sechstel eines Schekel

„Beka“, ein halber Schekel

**WIE SCHWER?**
Das Gewichtssystem Palästinas beruhte auf dem Schekel (etwa 11,4 g), dem Mina (60 Schekel) und dem Kikkar oder Talent (60 Minas). Diese Steingewichte sind auf hebräisch mit ihrem Wert beschriftet.

**HOCHSEESCHIFF** *oben*
Dieses römische Handelsschiff, eine *corbita*, hat zwei Masten. Die Segel sind aus rechteckigen Stoffbahnen zusammengenäht und an den Ecken mit Leder verstärkt. Die Römer fuhren mit solchen Schiffen quer übers Mittelmeer, nicht nur an der Küste entlang.

**LEUCHTFEUER**
Pharos, der Leuchtturm von Alexandria (von Alexander dem Großen als Hauptstadt und Mittelmeerhafen Ägyptens gegründet) war eines der sieben Weltwunder.

**KAISERLICHER PURPUR**
Zu den begehrtesten phönizischen Waren gehörten die Purpurstoffe. Im Römischen Reich standen sie so hoch im Ansehen, dass nur der Kaiser sie tragen durfte.

**FARBE BEKENNEN**
Für ein Gramm Purpurfarbstoff musste man etwa 10.000 Purpurschnecken töten und ihre Purpurdrüsen herausschneiden. Die Drüsen wurden mit Salz bestreut und mit Wasser und fauligem Harn zehn Tage lang gekocht. Nach erneuter Zugabe von Harn und Honig erhielt man das eigentliche Färbebad. Für unterschiedliche Farbtöne musste man die Drüsensekrete verschiedener Purpurschneckenarten mischen.

# Kunst und Handwerk

Schon in frühester Zeit gab es im Heiligen Land geschickte Handwerker und Künstler. Ihre Erzeugnisse dienten religiösen Zwecken oder waren Statussymbole. So bezeugen die steinzeitlichen Stuckfiguren von Ain Ghazal (S. 8–9) schon große Kunstfertigkeit. Auch die Bemalung der Statuen ist sehr kunstvoll. Aus der Kupferzeit finden sich herrliche Elfenbeinschnitzereien und Kupferwaren. Doch erst die Kanaaniter der Bronzezeit und die Phönizier der Eisenzeit betrieben das Kunsthandwerk im größeren Maßstab und verkauften die begehrten Produkte überall im östlichen Mittelmeerraum – und darüber hinaus.

**NICHT ZUM HOLZHACKEN**
Dieses bronzene Axtblatt ist sehr kunstvoll gestaltet. Es zeigt einen Löwen, der mit einem Hund kämpft. Wahrscheinlich diente die Axt zeremoniellen Zwecken (Mittlere Bronzezeit).

*Eingeritzte alphabetische Schrift*

**NIEDERSCHRIFT**
In Kanaan wurde das erste Alphabet erfunden (S. 16–17). Eines der ersten alphabetischen Schriftzeugnisse findet sich auf diesem Bronzedolch aus dem 17. vorchristlichen Jahrhundert.

**ALLTAG IN JERICHO**
Gräber in Jericho enthielten Möbel. Die kanaanitischen Tischler besaßen schon verschiedene Werkzeuge. Die Möbel wurden durch saubere Zapfenverbindungen zusammengefügt und mit Schnitzereien verziert.

**MUSIK UND TANZ**
Musik und Tanz waren in Palästina schon immer ein beliebter Zeitvertreib. Leider sind nur wenige Musikinstrumente erhalten. Doch Schriftzeugnisse und Bilder belegen, dass man früher Harfen, Leiern, Flöten, Trompeten und verschiedene Schlaginstrumente kannte.

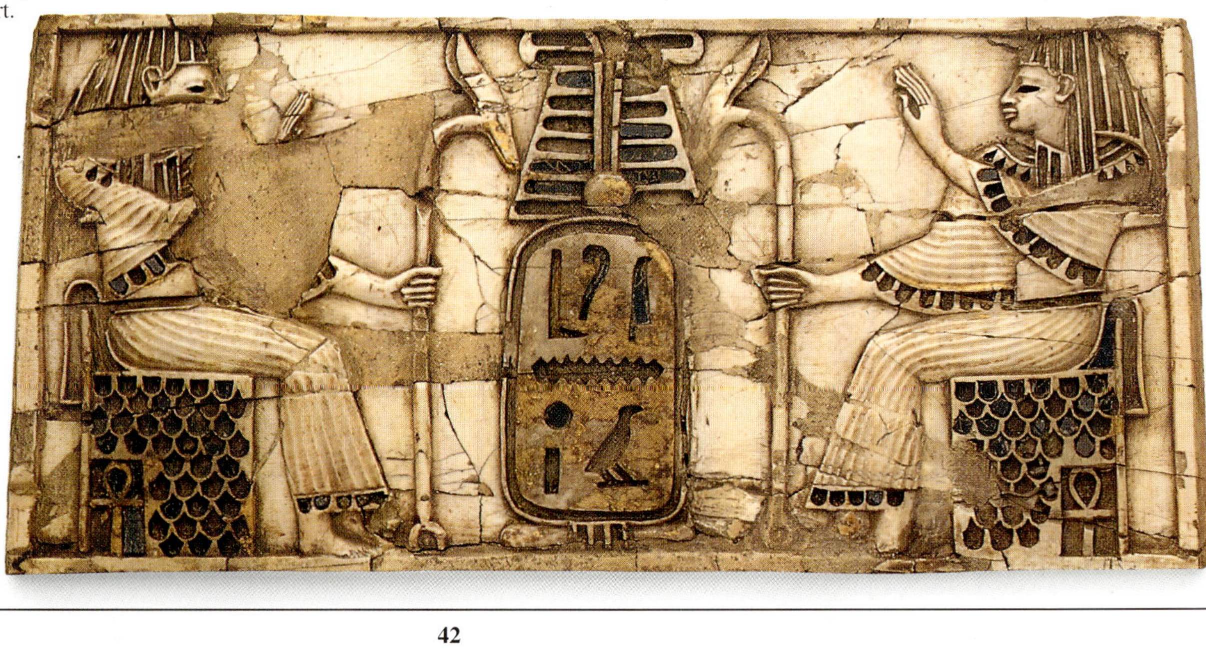

**ELFENBEIN-KÖNIGINNEN**
Kanaaniter und Phönizier fertigten aus Elfenbein u.a. Einlegearbeiten oder Verzierungen für Möbel. Buchstaben auf der Rückseite markieren, wie die Schnitzereien am Möbel befestigt werden sollten. Diese Schnitzerei (9. Jh.v.Chr.) aus der assyrischen Stadt Nimrud stellt zwei sitzende Königinnen im ägyptischen Stil dar und war mit blauem Glas und Blattgold verziert.

**HARTE ARBEIT**
Der Kampf zwischen einem Hund und einem Löwen scheint ein beliebtes Motiv der kanaanitischen Kunst gewesen zu sein. Dieses Relief ist aus schwer zu bearbeitendem schwarzen Basalt gefertigt (Bet-Schan, 14. Jh.v.Chr.).

**KOMISCHES GESICHT**
Die schönsten und hochwertigsten Tonwaren in Palästina fertigten die Kanaaniter. Die kanaanitischen Töpfer scheinen auch Sinn für Humor gehabt zu haben, wie diese Vase aus Jericho (6. Jh.v.Chr.) zeigt.

*Blattgoldlauflage*

**SYRISCH**
Dieser elfenbeinerne Frauenkopf aus Nimrud ist nicht so kunstvoll gefertigt wie die links abgebildete phönizische Arbeit. Es könnte sich um das Werk eines syrischen Schnitzers handeln.

Auf die gleiche Weise wie dieser ägyptische Dorftöpfer stellten die Menschen schon vor Jahrtausenden Tonwaren für den Haushalt her.

*Winzige Goldkügelchen*

**GOLDKÖRNER**
Dieser Anhänger aus Tell el-Addschul (16. Jh.v.Chr.) ist mit der Granulationstechnik gefertigt. Von Golddraht wurden winzige Kügelchen abgeschmolzen und dann auf eine Unterlage aufgelötete.

**AUF STEIN**
Gefäße aus Kalkstein und Alabaster waren in der Späten Bronzezeit und in der Eisenzeit als Behältnisse für Parfüm begehrt. dieses stammt aus Tell es-Sa'idije.

**TEMPELSCHATZ**
Bei ihrem Rückzug aus Kanaan nahmen die Ägypter die besten Künstler und Handwerker mit. So wandte sich König Salomo an den König von Tyrus, als er den Tempel in Jerusalem bauen ließ. Phönizische Handwerker fertigten die in der Bibel beschriebene Ausstattung des Tempels.

# Krieg und Waffen

Dieses Relief aus Tell Halaf, dem biblischen Gozan, zeigt einen aramäischen Reitersoldaten aus dem 9. Jh.v.Chr.

Seit Urzeiten benutzt der Mensch Waffen bei der Jagd und im Krieg. Ehe man um 4000 v.Chr. die Kupferschmiedekunst beherrschte, stellten die Menschen im Heiligen Land Waffen aus Holz, Stein und Bein her. Als die Städtekulturen der Frühen Bronzezeit sich entwickelten, entstanden Armeen! Die Kunst der Kriegsführung wurde verbessert. Die fortgeschrittene Metallverarbeitung belieferte die Soldaten mit Schwertern, Speeren und Kriegsäxten, die in Massenproduktion hergestellt wurden. Zuerst bestanden die Waffen aus Kupfer, später aus Bronze. In der Bronzezeit setzte man auch Reiterei und Streitwagen ein. Städte mit Verteidigungsanlagen wurden mit spezieller Belagerungsausrüstung angegriffen. Die Philister führten wahrscheinlich um 1200 v.Chr. die von den Hethitern erfundene Eisenschmiedekunst ein. Die Eisenwaffen hatten durchschlagenden Erfolg und setzten sich überall durch.

**RIESENTÖTER**
Eine der ältesten Waffen war die Schleuder, bei entsprechender Handhabung treffsicher und tödlich. Da sie aus Leder oder Stoff gefertigt wurde, sind kaum Exemplare erhalten. Doch „Geschosse", Steine oder Tonkugeln, findet man häufig. Die Bibel berichtet, wie David den riesenhaften Philister Goliath mit einer Schleuder tötete.

Helme aus der Perserzeit

**GUT ZIELEN IST WICHTIG**
Schleuderkämpfer auf einem Relief aus dem Königspalast von Gozan (9. Jh.v.Chr.)

**GRIFFIG**
Der Schaft dieses Dolches aus der Späten Bronzezeit (Tell Atschana/ Alalach) war einst von einem Griff aus Holz oder Bein umgeben.

*Breite Schneide*

*Hier war ein Griff aus Holz oder Bein mit Kupfernieten befestigt.*

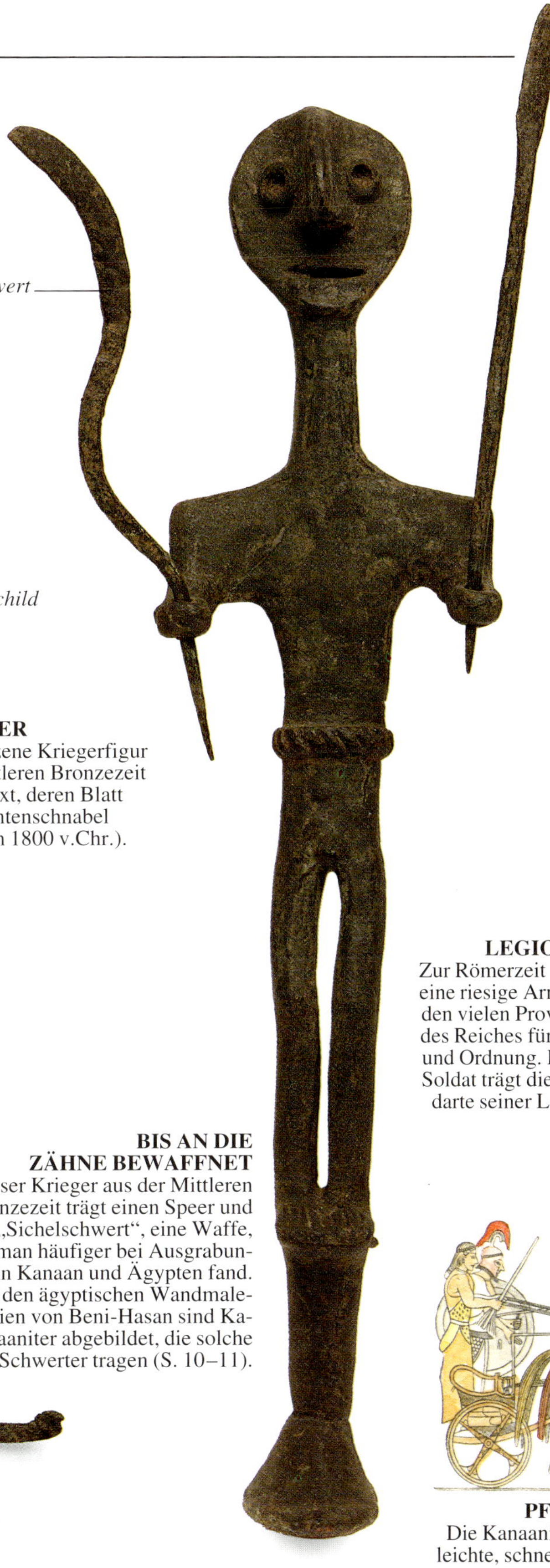

Der Bogen dieses Schützen besteht aus verleimten Holz- und Hornschichten und einer Tiersehne.

**MIT MUFFE**
Seit der Mittleren Bronzezeit stellte man Speerspitzen mit Muffen her, in die man einen Schaft stecken konnte.

**AXTREITER**
Diese bronzene Kriegerfigur aus der Mittleren Bronzezeit trägt eine Axt, deren Blatt an einem Entenschnabel erinnert (um 1800 v.Chr.).

**LEGIONÄR**
Zur Römerzeit sorgte eine riesige Armee in den vielen Provinzen des Reiches für Ruhe und Ordnung. Dieser Soldat trägt die Standarte seiner Legion.

**BIS AN DIE ZÄHNE BEWAFFNET**
Dieser Krieger aus der Mittleren Bronzezeit trägt einen Speer und ein „Sichelschwert", eine Waffe, die man häufiger bei Ausgrabungen in Kanaan und Ägypten fand. Auf den ägyptischen Wandmalereien von Beni-Hasan sind Kanaaniter abgebildet, die solche Schwerter tragen (S. 10–11).

**HALTERUNG**
Speere aus der Kupferzeit besaßen „Heftzapfen", an denen ein Schaft festgebunden wurde.

**PFERDESTÄRKEN**
Die Kanaaniter benutzten zweispännige, leichte, schnelle Streitwagen, die Griechen später Vierspänner (oben).

**SCHWERGEWICHT**
Gegen Ende der Bronzezeit (Zeit der Patriarchen, S. 10–11) verloren die Städtekulturen Kanaans an Bedeutung und die Bevölkerung zog aufs Land. Die Metallwaffen wurden den härteren Lebensbedingungen entsprechend schwerer und größer. Dieses Schwert aus Beit Dagin bei Tel-Aviv ist eine der größten aus dieser Zeit bekannten Waffen.


*Fortsetzung auf der nächsten Seite*

Fortsetzung von Seite 45

# Die Belagerung von Lachisch

Als 722 vor Christus die Assyrer Samaria einnahmen, war das das Ende des jüdischen Nordreiches. Das Reich Juda blieb bestehen, musste jedoch dem Assyrerkönig Sargon Tribut zahlen. Nach dessen Tod wagte der König von Juda, Hiskia (715–687/6 v.Chr.) den Aufstand. Dagegen ging Sargons Sohn Sanherib in einem großen Feldzug vor. Er zerstörte viele judäische Städte, darunter Lachisch. Belagerung und Einnahme der Stadt sind auf einer Reihe von Kalksteinreliefs aus Sanheribs Palast in Ninive dargestellt. Die Assyrer drangen schließlich bis Jerusalem vor, das Hiskia zwar halten konnte, aber nur gegen hohe Tributzahlungen an Assyrien.

**GROSSER KRIEGER**
Dieses Gemälde von William Dyce (19. Jh.) zeigt Joab, den Sohn des Zeruja, einen der besten Heerführer Davids (2. Sam 2, 13 ff).

*Bronzene Pfeilspitze*

*Eiserne Pfeilspitze*

**PFEILSPITZEN**
Nach 2000 v.Chr. benutzte man praktisch überall bronzene Pfeil- und Speerspitzen. Eisenspitzen gab es erst nach 1100 v.Chr.

**REISST DIE MAUERN NIEDER!**
Solche Rammböcke benutzte man wohl schon in der Mittleren Bronzezeit – bis ins Mittelalter, als man die ersten Sprengstoffe erfand.

**DIE SCHILDKRÖTE**
Die Römer kämpften mit Kurzschwertern und rechteckigen Schilden. Die Schilde bildeten beim Angriff einen geschlossenen Schutzpanzer. Diese Formation nannte man *testudo* (=Schildkröte).

*Die Verteidiger bewerfen die Angreifer mit brennenden Fackeln.*

*Zerbrochene Leiter nach einem vereitelten Versuch die Mauer zu übersteigen*

*Der Soldat vorne gießt Wasser über den vorderen Teil des Rammbocks, damit dieser kein Feuer fängt.*

**STREITÄXTE**
Zur Zeit der Patriarchen, gegen Ende des 3. Jtsd.v.Chr. entwickelte man Streitäxte mit Muffen, in denen man den Stiel befestigen konnte. Diese Waffen konnten Helme – und Schädel – spalten.

**ENTENSCHNABEL**
In der Mittleren Bronzezeit stellte man längliche Axtblätter, sog. „Entenschnäbel“, her.

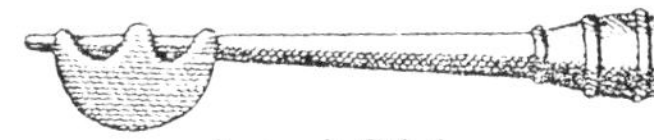

Axt mit Stiel

Solche bronzenen Plattenpanzer trugen die Assyrer bei der Belagerung von Lachisch.

Panzerhemd

Mit solchen „Wildesel“ genannten römischen Katapulten konnte man Steine weit schleudern.

# Die Assyrer

Das Stammland der Assyrer lag im Norden des heutigen Irak. Einen assyrischen Staat gab es schon seit mindestens 2000 v.Chr. Im 9. Jahrhundert v.Chr. begannen die assyrischen Könige neue Gebiete zu erobern, um die Grenzen zu sichern und die gewinnträchtige Kontrolle über wichtige Handelswege zu erlangen. Sie führten in den folgenden 200 Jahren erbarmungslose Feldzüge gegen Syrien, Phönizien, Israel und Juda. Die Könige dieser Länder konnten durch Tributzahlungen den Untergang ihrer Reiche aufschieben. Doch sobald sie den steigenden Forderungen der Assyrer nicht mehr nachkommen konnten oder den Aufstand wagten, wurde ihr Staat zerstört und die eroberten Gebiete dem immer gewaltiger werdenden assyrischen Reich einverleibt. 722 v.Chr. wurde das jüdische Nordreich durch die Einnahme seiner Hauptstadt Samaria und die Verschleppung der Einwohner völlig zerstört. Das Südreich, Juda, konnte sich länger halten, allerdings nur unter der erdrückenden Last von Tributzahlungen an die Großmacht. Viele Steinreliefs, die die assyrischen Königspaläste schmückten, berichten von dieser Ausbeutung.

**HAUSGOTT**
In den Fundamenten der assyrischen Häuser fand man häufig Götterfiguren, die böse Geister vertreiben sollten.

**HELDENHAFTER KAMPF**
Die Assyrer waren harte Krieger, schätzten aber durchaus die schöne Kunst: Dieses assyrische Elfenbeinrelief zeigt einen Helden im Kampf mit einem Löwen.

**RIESENREICH**
Die größte Ausdehnung erreichte das Assyrerreich im 7. Jh.v.Chr.: Es erstreckte sich vom Gebiet des heutigen Iran bis Ägypten.

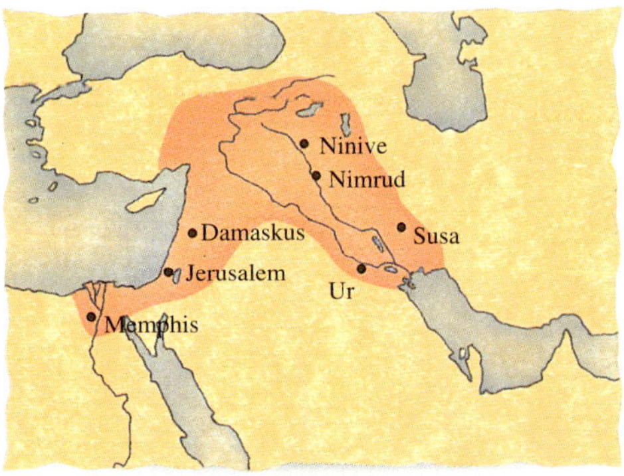

Flasche

Becher

**FÜR HAUS UND PALAST**
Diese beiden Gefäße bezeugen die Kunstfertigkeit der assyrischen Töpfer. Der dünnwandige Becher ist ein Beispiel assyrischen „Palastgeschirrs“. Die Flasche oben ist mit einer bunten Glasur überzogen (8. oder 7. Jh.v.Chr.).

**KRIEGSGÖTTIN**
Diese Bronzetafel zeigt Ischtar, die Hauptgöttin der Assyrer. Sie war die Göttin der Liebe und des Kampfes; in letzterer Eigenschaft ist sie hier mit Waffen auf ihrem Lieblingstier, dem Löwen abgebildet.

**TRIBUT AUS PHÖNIZIEN**
Elfenbeinschnitzereien zierten oft Möbelstücke. Diese Platte aus der assyrischen Hauptstadt Nimrud zeigt eine Frau mit einer Perücke nach Art der Ägypter. Diese Arbeit eines phönizischen Elfenbeinschnitzers gelangte wahrscheinlich im 8. Jh.v.Chr. als Kriegsbeute oder Tributzahlung nach Nimrud.

**GÖTTIN DER LIEBE**
Dieses blaue Tonrelief (9. Jh.v.Chr.) aus dem Tempel von Ninurta in Nimrud zeigt eine geflügelte Göttin, wahrscheinlich Ischtar in ihrer Eigenschaft als Göttin der Liebe.

Viele Schmuckkeramiken der Assyrer waren blau gefärbt.

**MIT GEBRÜLL**
Löwen waren Lieblingsobjekte der assyrischen Kunst. Dieser Löwenkopf könnte den Stiel eines Fächers geziert haben.

**UM DEM KÖNIG TRIBUT ZU ZOLLEN**
Die Feldzüge des Assyrerkönigs Salmanassar III. (858–824 v.Chr.) sind auf dem Schwarzen Obelisken (S. 39), einer steinernen Siegessäule in der Hauptstadt Nimrud, dokumentiert. Eine Bildfolge zeigt, wie König Jehu von Israel seinen Tribut (S. 39) anbietet. Es ist umstritten, ob es sich bei der knieenden Gestalt mit der Zipfelmütze um König Jehu handelt.

**BRIEF UND SIEGEL**
Kleine hohle Steinzylinder mit einem Relief wie das Kalzedonrollsiegel oben links (um 750 v.Chr.) wurden über Tontafeln oder die Siegel von Krügen und Paketen gerollt. Der Abdruck diente als Unterschrift und Eigentumskennzeichnung. Das Rollsiegelbild daneben zeigt einen Helden, der zwei Strauße am Hals ergreift.

**UM STAAT ZU MACHEN**
Die heute als blanker Stein erhaltenen Reliefs aus dem reich verzierten Thronsaal Assurbanipals II. zu Nimrud (hier in einer Rekonstruktion aus dem 19. Jh.) waren früher bunt bemalt.

Hebräisches Siegel aus der Chaldäerzeit

# Die Babylonier

In Mesopotamien, dem Zweistromland zwischen Euphrat und Tigris (heute Irak), entstand eine der frühesten Hochkulturen der Menschheit. Zu Beginn des 2. Jahrtausends v.Chr. gründeten die Amoriter in der Stadt Babylon (hebr. Babel) am Unterlauf des Euphrat eine neue Dynastie. Im 18. Jahrhundert v.Chr. erlangten die Babylonier unter König Hammurabi die Herrschaft über ganz Mesopotamien und begründeten ein Reich, das sich von Mari (am mittleren Euphrat) im Nordwesten bis zur Hochebene von Elam im Osten erstreckte. Unter Hammurabis Nachfolgern schrumpfte das Reich wieder auf das eigentliche Babylonien. 1595 v.Chr. legte der Hethiterkönig Mursili I. das noch immer sagenhaft reiche Babylon in Schutt und Asche. Erst im 7. Jahrhundert v.Chr. konnte ein fähiger Feldherr und begabter Politiker aus dem Aramäerstamm der Chaldäer den alten Glanz Babylons noch einmal erneuern: Nabupolassar begründete die Dynastie der Chaldäer.

**BAUHERR**
Bronzefiguren, die einen Baumaterialien tragenden König darstellen, wurden als Gründungsfiguren in Tempelfundamente eingebaut. Die Inschrift nennt die Namen des Königs und des Tempelgottes.

Steinerne Amtsstabknäufe wurden oft Göttern (hier Nergal, dem Gott der Krankheit) geweiht und in Tempeln aufbewahrt.

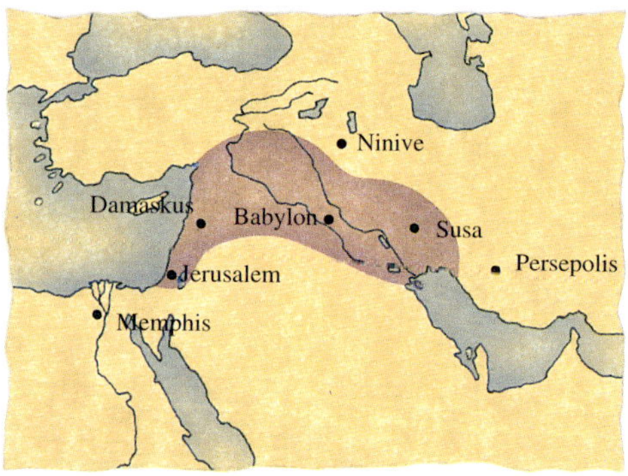


**NABUPOLASSARS REICH**
612 v.Chr. eroberte Nabupolassar das Reich der Assyrer einschließlich Judas. 598 v.Chr. führte er 10 000 Juden aus der Oberschicht in die Babylonische Gefangenschaft. Den Aufstand Zedekias (596 v.Chr.) bestrafte er durch die Zerstörung Jerusalems und eine zweite Deportationswelle.

**ALTER WASSERMANN**
Die Babylonier gelten als Erfinder der Sternzeichen. Dieser Wasserströme tragende Riese (links) ist der Vorläufer des Wassermanns.

**ISCHTARTOR**
Nebukadnezar baute Babylon wieder auf. Durch das Ischtartor, ein beeindruckendes Bauwerk, gelangte man über eine mit farbigen Platten gepflasterte Straße zum Marduktempel.

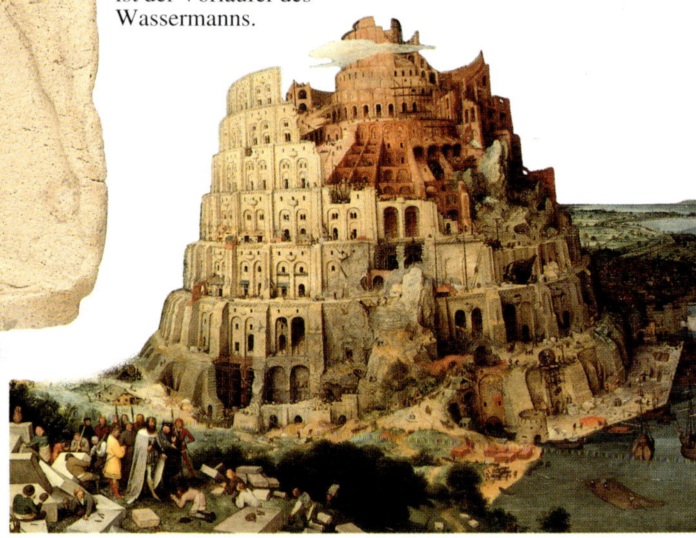

**TURM ODER TEMPEL?** *rechts*
Reale Grundlage der biblischen Erzählung des Turmbaus zu Babel (Darstellung von Pieter Bruegel dem Älteren, 1525–69) ist die Zikkurat, ein 90 m hoher Turm, der auf der obersten Terrasse den Hochtempel Marduks, des höchsten babylonischen Gottes, trug.

**ABGRENZUNG**
In der ersten Blüte Babylons wurden Lehen, die an eine Einzelperson oder eine Gemeinde vergeben wurden, auf Tontafeln festgehalten. Zur öffentlichen Bekanntmachung wurden Belehnungssteine angefertigt und im Tempel oder im jeweiligen Gebiet aufgestellt. Die Symbole stellen Götter und Göttinnen dar, die als Zeugen des Vertrags angerufen wurden.

*Die Schlange war das Zeichen von Ischtaran, dem Gott der Unterwelt.*

*Der Mond steht für den Mondgott Sin.*

*Die Sonne weist auf den Sonnengott Schamasch hin.*

*Der Planet Venus steht für die Liebes- und Fruchtbarkeitsgöttin Ischtar.*

*Nabu, der Gott der Schrift, wird als Keilschriftzeichen dargestellt.*

*Die Himmelsgötter Enlil und Anu werden als Kopfbedeckungen dargestellt.*

*Der Skorpion ist das Symbol der Göttin Ischhara.*

*Altäre und Schreine*

# Die Perser

Bedeutende Persönlichkeiten ließen solchen Schmuck an ihre Kleidung nähen.

Die Perser, indogermanische Einwanderer, besiedelten um 1000 v.Chr. den westlichen Iran und ließen sich in Parsa (heute Fars) nieder. Ihre Frühgeschichte ist eng mit der der Meder verknüpft, die im gleichen Gebiet siedelten. Mit Babylonien unter Nabupolassar verbündet, eroberten die Meder von 614–598 das assyrische Reich. 550 v.Chr. stürzte Kyros aus dem Haus der Achaimeniden seinen medischen Oberherrn Astyages – und wurde König der Meder, Perser und Elamiter. Das war der Beginn des persischen Weltreiches, das immer stärker wurde. Bald hatte Kyros weite Teile Anatoliens seinem Reich einverleibt. 539 v.Chr. nahm er – kampflos – Babylon ein und übernahm damit auch die Herrschaft über Syrien und Palästina. Er erlaubte den Juden die Rückkehr nach Palästina. Vom Wiederaufbau Jerusalems und seines Tempels berichten die Bücher Esra und Nehemia.

**PALASTWACHE**
Glasierte Ziegel aus Susa

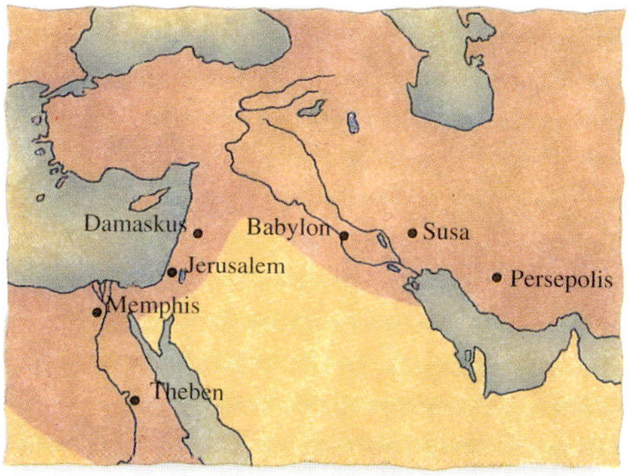


**DAS ACHAIMENIDENREICH**
Unter Darius I. (522–486 v.Chr.) hatte das Perserreich seine größte Ausdehnung: Von Ägypten und Libyen im Westen bis zum Indus im Osten.

**SCHRAUBENZIEGE**
Dieser silberne Ziegenbock soll aus Persepolis stammen (5. Jh.v.Chr.).

**REGIERUNGSSITZ**
Darius I. und sein Nachfolger Xerxes bauten Persepolis (hier eine fantasievolle Darstellung aus dem 19. Jh.) zum Zentrum des religiösen Lebens aus.

*Keilschrift*

*Ahura Masda, der höchste Gott der Perser*

**EINE LÖWENJAGD**
ist das Motiv dieses Achatrollsiegels. Die Inschrift lautet „Dareios, der große König“. Wahrscheinlich ist Darius I. (522–486 v.Chr.) gemeint.

**FREMDER EINFLUSS**
Die Perserkönige beschäftigten Künstler und Handwerker aus vielen Ländern. Ihre Kunstwerke zeigen daher oft fremdländische Einflüsse. Die Blattgoldfiguren auf dieser Silberschale zeigen einen geflügelten Löwen mit dem federgekrönten Kopf des ägyptischen Zwergengottes Bes.

*Schnabel für den Docht*

**ERLEUCHTET**
Diese Bronzelampe aus dem 6. Jh. v.Chr. fand man im „Sonnenschrein“ zu Lachisch, einem kleinen Tempel, in dem man die Sonne anbetete.

**HOCHFEST**
Diese Darstellung zeigt eine Zeremonie, wie sie in Persepolis stattgefunden haben könnte.

**KYROS-ZYLINDER**
Der Keilschrifttext auf diesem Tonzylinder berichtet, dass Kyros den Gefangenen in Babylon die Rückkehr in ihre Heimat gestattete. Die Juden werden nicht erwähnt, doch auch sie konnten aus dem Exil zurückkehren.

ZEIT DES WANDELS
Durch den Einfluss des „hellenistischen" Gedankengutes kam es unter der Herrschaft Alexander des Großen in Palästina zu einem Wandel in den alten Traditionen. Von da an gewannen griechische (und später römische) Kultur, Architektur, Religion und Sprache in Palästina immer mehr an Bedeutung.

# Griechen und Römer

Nach der Schlacht bei Issus (333 v.Chr.) fiel das riesige Perserreich an Alexander den Großen. Als Alexander zehn Jahre später starb, kam Palästina zuerst unter die Herrschaft von Alexanders Feldherr Ptolemäus und seiner Nachkommen und ging dann in die Hände der Seleukiden, einer Dynastie mit Sitz in Syrien, über. 167 v.Chr. plünderte der Seleukide Antiochus IV. den Tempel zu Jerusalem und untersagte den Juden die Ausübung ihrer Religion. Diese revoltierten und es gelang ihnen durch eine Reihe strategisch brillanter Feldzüge, die Seleukiden zu schlagen. Für kurze Zeit (142–63 v.Chr.) erlangte Juda wieder die Unabhängigkeit. Diese so genannte Makkabäerzeit (Hasmonäerherrschaft) endete in einem blutigen Bürgerkrieg, den erst die Römer, die auch die Seleukiden aus Syrien vertrieben, beendeten. 63 v.Chr. zog der römische Feldherr Pompeius in Jerusalem ein. Das jetzt Judäa genannte Gebiet erhielt 40 v.Chr. begrenzte Unabhängigkeit, als der Senat Herodes auf Grund seiner Loyalität zu Rom zum König ernannte. Sein Sohn Archelaus folgte Herodes 4 n.Chr. auf den Thron, wurde aber schon zwei Jahre später von Kaiser Augustus abgesetzt, wodurch Judäa zu einer „drittklassigen" Provinz wurde, die von römischen Beamten, den sogenannten Prokuratoren (Statthaltern), verwaltet wurde.

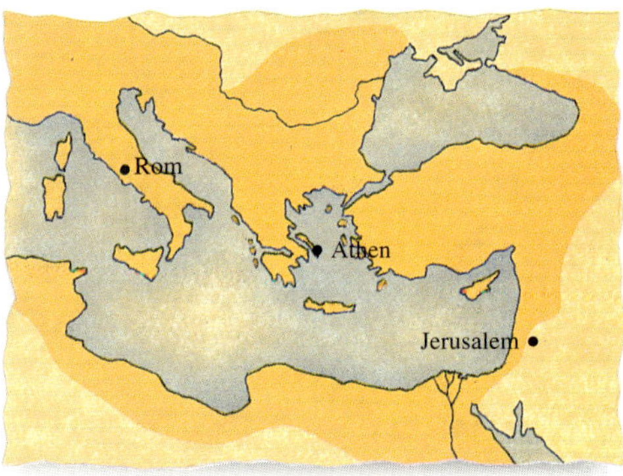


DER SCHATTEN ROMS
Zur Regierungszeit des Titus stand das ganze Mittelmeergebiet unter römischer Herrschaft.

VON GRIECHENLAND NACH ÄGYPTEN
Nach Alexanders Tod kämpften seine Feldherren um sein Erbe. Ptolemäus I., ein Mazedonier, riss Ägypten und Palästina an sich und begründete eine neue Dynastie mit Alexandria in Ägypten als Hauptstadt. Die Ptolemäer wurden oft wie altägyptische Herrscher porträtiert. Diese Kalksteinstele zeigt Ptolemäus II., der seinem Vater 283 v.Chr. auf den Thron folgte.

TRAGBARER ALTAR
Dieser bronzene Miniaturaltar aus der Römerzeit stammt aus Byblos. Die einst bedeutende phönizische Stadt spielte kaum noch eine Rolle.

GÖTZENDIENST
Die Verehrung griechisch-römischer Gottheiten wurde von den Juden abgelehnt.

## DIE JÜDISCHEN AUFSTÄNDE

66 n.Chr. kam es in Judäa zum Aufstand gegen die Römer, der von Priestern und Schriftgelehrten angeführt wurde. Kaiser Vespasian und sein Sohn Titus warfen den Aufstand 70 n.Chr. nieder. Sie nahmen Jerusalem ein und zerstörten den Tempel. Die letzte Zuflucht der Juden war die Festung Masada, die 74 n.Chr. nach dem Massenselbstmord der Verteidiger in die Hände der Römer fiel. Eine zweite Revolte wurde 132 n.Chr. von Kaiser Hadrian niedergeschlagen.

Marmorbüste des römischen Kaisers Titus

## TITUSBOGEN

Auf diesem Triumphbogen, den Kaiser Domitian zu Ehren seines Bruders Titus auf dem Forum Romanum errichten ließ, ist der Sieg über die aufständischen Juden 70 n.Chr. dargestellt.

Diese in einer Form gebrannte römische Gesichtsvase stammt aus dem 2. Jh.n.Chr.

## KALVARIENBERG

Nach 6 n.Chr. war Judäa eine römische Provinz, die von römischen Statthaltern regiert wurde. Unter dem fünften Statthalter, Pilatus (27–30 n.Chr.), wurde Jesus gekreuzigt.

## KREUZIGUNG

So könnte Jesus gekreuzigt worden sein.

## ERSATZGÖTTER

Die Griechen und Römer führten ihre eigenen Gottheiten ein. In Phönizien, wo sich die kanaanitische Religion bis zu Alexander dem Großen gehalten hatte, konnten die neuen Götter die alten problemlos ersetzen. Die „neue“ Göttin Aphrodite (Bronzestatue aus Byblos) entsprach der phönizischen Fruchtbarkeitsgöttin Astarte (S. 24–25).

## DOPPELT BEGRABEN

Die Römer bestatteten ihre Toten in zwei Schritten. Nach dem Tod wurde der Leichnam in Leinen gewickelt, parfümiert und in eine Grabkammer gelegt. Nach einiger Zeit, wenn das Fleisch verwest war, holten die Verwandten die Gebeine aus dem Grab und bestatteten sie in einem Ossuarium („Beinhaus“).

# König Herodes

Herodes der Große war der Sohn des Antipater, des Beraters des letzten Hasmonäerkönigs Johannes Hyrkanus. Als der römische Feldherr Pompeius 63 v.Chr. in Jerusalem einmarschierte, waren Hyrkanus und Antipater klug genug eine Auseinandersetzung zu vermeiden. Auch im Machtkampf zwischen Julius Cäsar und Pompeius lavierten sie geschickt und wandten sich gerade rechtzeitig Cäsar zu. Herodes zeigte ebenfalls politische Klugheit, indem er erst Mark Anton unterstützte und dann seinen siegreichen Rivalen Augustus. So galt er als Freund Roms und wurde 40 v.Chr. in Anerkennung seiner Verdienste um Rom zum König von Judäa ernannt.

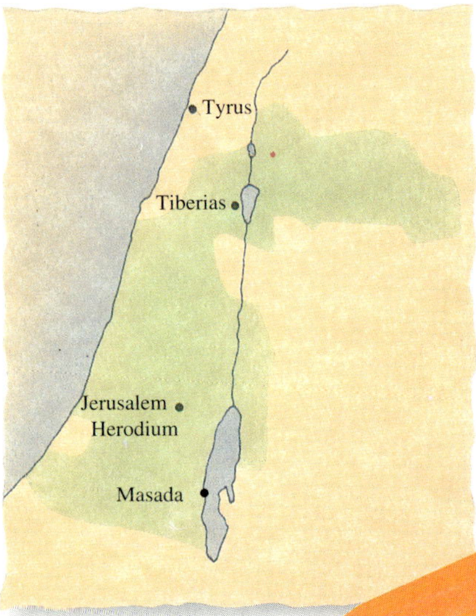


**DIE WELT DES HERODES**
Das Königreich des Herodes umfasste den größten Teil Palästinas, Teile des südlichen Syrien und weite Gebiete östlich des Jordans.

**EIN KOPF FÜR EINEN TANZ**
Herodes' Sohn, Herodes Antipas, hielt Johannes den Täufer gefangen und ließ ihn auf Wunsch Salomes enthaupten.

**SAUBERE ARBEIT**
Im Westflügel des Palastes zu Herodium befanden sich die Wohn- und Diensträume. Auf der Nordseite lag dieses beeindruckende Badehaus mit Mosaikfußböden und Fresken.

**HERODIUM** *rechts und unten*
Herodes ließ viele punkvolle Bauten errichten. Von seinem größten Werk, dem wieder aufgebauten Tempel in Jerusalem, ist heute kaum noch etwas erhalten. Doch Ausgrabungen im Jordantal und am Toten Meer geben einige Einblicke in seine prachtvolle Bauweise. Die Bergfeste Herodium, 12 km südlich von Jerusalem, ist ein gutes Beispiel. Dort befand sich ein luxuriöser Palast und auch das Grab des Herodes. Das Bild zeigt eine Luftaufnahme des heutigen Ortes, das Modell einer Rekonstruktion der alten Festung.

**DIE KLAGEMAUER**
in Jerusalem ist Teil der westlichen Begrenzung eines riesigen Tempelbezirks, in dessen Mitte der Tempel des Herodes stand.

*Der halbrunde Turm wird zum Großteil von dem künstlich aufgeschütteten Hügel bedeckt.*

*Der obere Teil des Berges war künstlich aufgeschüttet und umschloss Fundamente und Keller der Festung.*

**KINDERMÖRDER**
Dem Neuen Testament zufolge veranlasste Herodes der Große die Kindermorde zu Bethlehem, um sich des „neuen Königs" Jesus zu entledigen. Diese Morde haben wohl nie stattgefunden, doch sie passen in das Bild des Herodes, der auf dem Weg zur Macht über Leichen ging.

**MASADA**
In Masada, das durch den ersten Judenaufstand berühmt wurde, ließ Herodes riesige Wasserspeicher, Lebensmittel- und Waffenlager und einen luxuriösen Palast errichten, der auf drei natürlichen Felsterrassen gründete.

# Das Buch der Bücher

Die christliche Bibel besteht eigentlich aus 63 verschiedenen Büchern, die man in zwei Hauptteile, das Alte und das Neue Testament, gliedert. Für Archäologen ist die Bibel eine wichtige Quellenschrift mit einer Fülle historischen, religiösen, philosophischen und literarischen Materials. Doch wie jede alte Textsammlung muss sie kritisch gelesen werden. Viele der alttestamentlichen Bücher sind Auseinandersetzungen mit Glauben und Geschichte, die erst lange nach den jeweiligen Ereignissen verfasst wurden. Die Entstehung der Bibel nachzuvollziehen und die verschiedenen Erzählstränge der einzelnen Bücher zu entwirren, ist Gegenstand der theologischen und historischen Forschung.

**SCHRIFTEN VOM TOTEN MEER**
1947 verirrte sich ein Ziegenhirte in eine Höhle bei Qumran. Dort fand er alte hebräische Manuskripte, versteckt in Tongefäßen. Diese Buchrollen sind Reste einer einst wohl vollständigen Sammlung alttestamentlicher Schriften und Apokryphen und die bislang ältesten bekannten Bibeltexte.

Eine der Qumranrollen enthält eine Textfassung des Buches Habakuk zusammen mit einem Kommentar, der die Prophetenworte auf (damals) aktuelle Ereignisse bezieht.

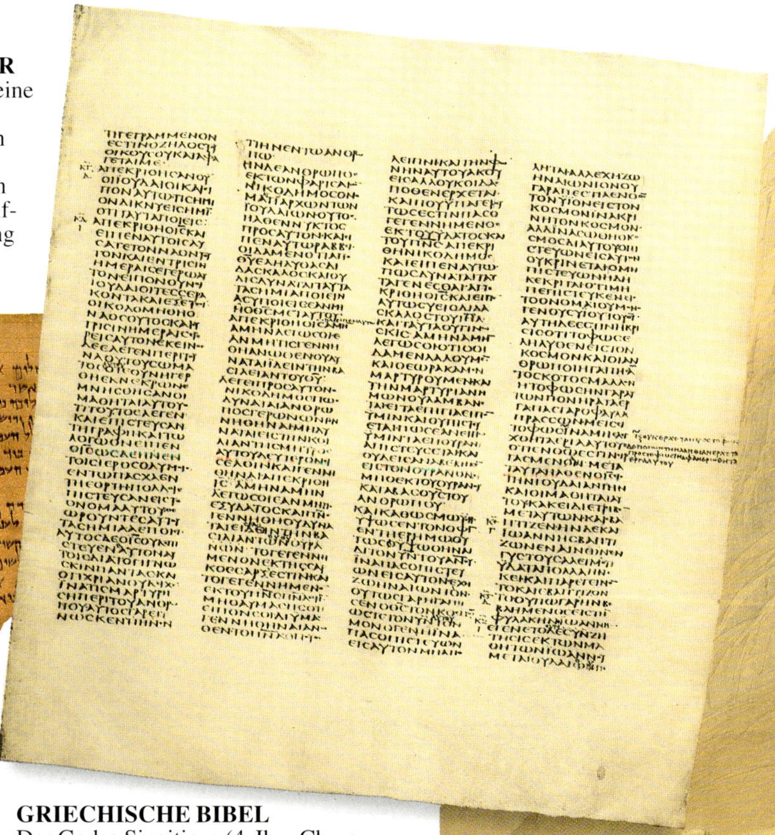

**GRIECHISCHE BIBEL**
Der Codes Sinaiticus (4. Jh.n.Chr. aus dem Kloster der hl. Katharina) ist in griechischen Großbuchstaben mit Tinte auf Pergament geschrieben.

**DAS „GRAB“ DER QUMRANROLLEN**
In Höhlen in der Wüste Juda am Toten Meer waren die Schriftrollen versteckt. Sie kamen wahrscheinlich aus der Bibliothek von Qumran, die zum Kloster der Essener, einer zur Zeit Jesu bedeutenden Sekte, gehörte. Die Rollen wurden wahrscheinlich während des ersten Judenaufstands in Sicherheit gebracht.

**TURINER TOTENTUCH**
Das Leichentuch von Turin galt lange Zeit als eine der heiligsten christlichen Reliquien. Es sollte das Leichentuch von Jesus von Nazaret sein und der Abdruck sein Gesicht darstellen. Wissenschaftliche Untersuchungen haben inzwischen jedoch ergeben, dass es sich um eine Fälschung aus dem Mittelalter handelt.

„Lasset die Kinder zu mir kommen …“

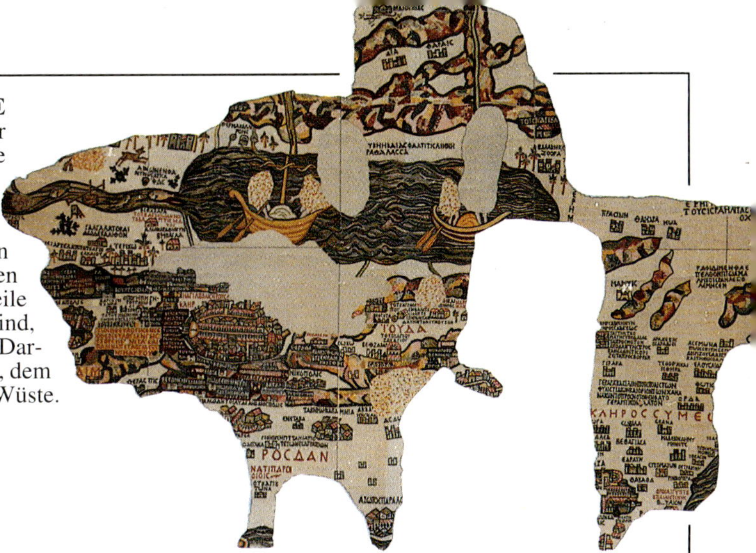

**MOSAIKKARTE**
1884 entdeckte man in der griechisch-orthodoxen Kirche im jordanischen Madaba ein Mosaik aus dem 6. Jh. n. Chr. Es stellte eine Karte des Heiligen Landes dar, mit Bildern von Städten und bestimmten Gebäuden. Wenngleich Teile der Karte stark beschädigt sind, erkennt man doch gute Darstellungen von Jerusalem, dem Jordantal und der Negev-Wüste.

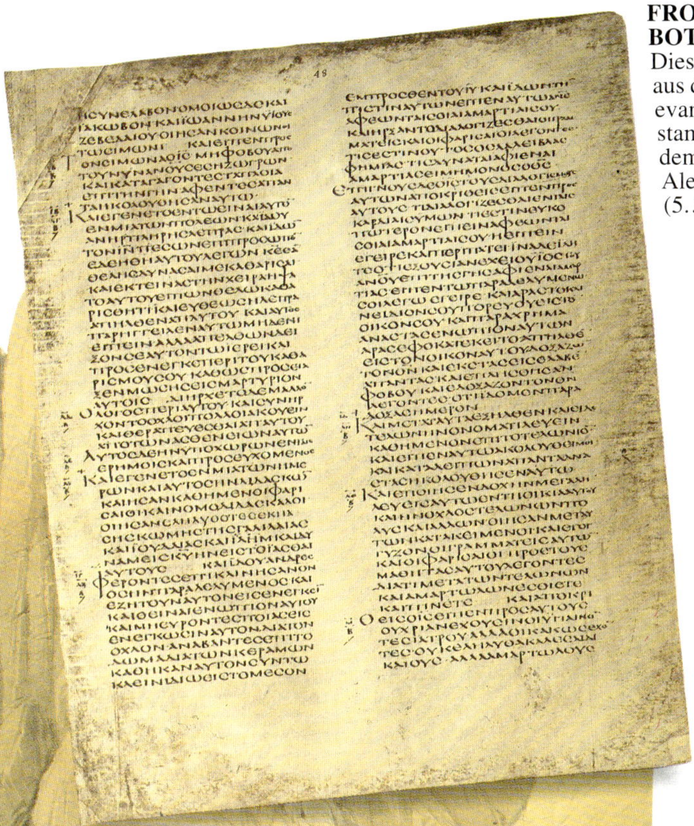

**FROHE BOTSCHAFT**
Diese Seite aus dem Lukasevangelium stammt aus dem Codex Alexandrinus (5. Jh.).

**ILLUMINIERTES MANUSKRIPT**
Im Mittelalter fertigten Mönche reich verzierte („illuminierte“) Handschriften der Bibel an. Diese lateinische Bibel stammt aus der Zeit um 750 und befindet sich heute in der Königlichen Bibliothek von Stockholm.

**DORNENGEKRÖNT**
Dieses Bild von Jesus mit der Dornenkrone malte der flämische Künstler Quentin Massys (15. Jh.).

*Fortsetzung auf der nächsten Seite*

*Fortsetzung von Seite 59*

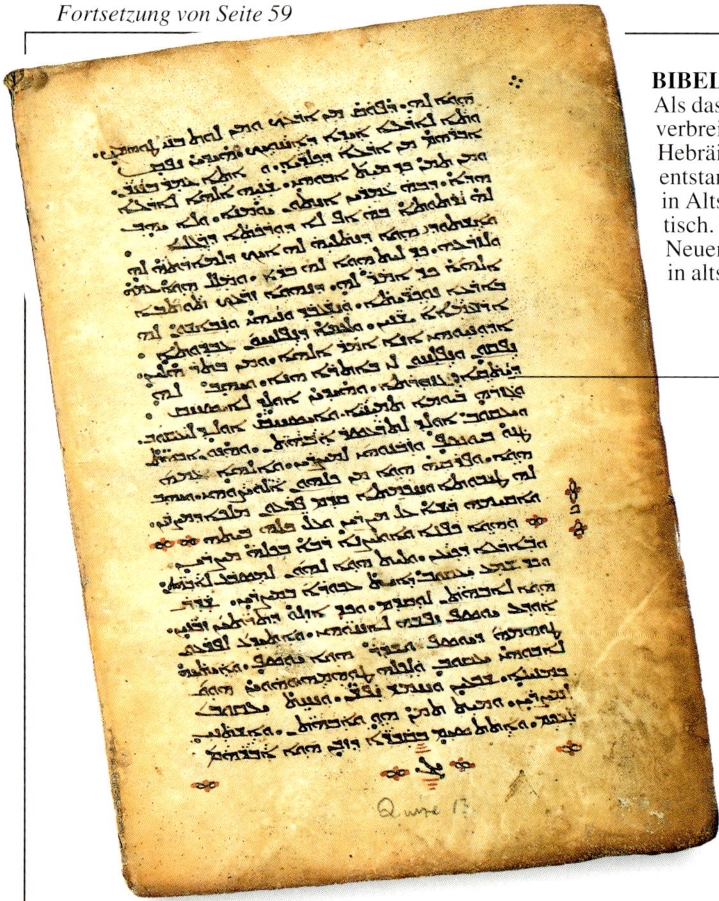

*Altsyrischer Text*

**BIBELÜBERSETZUNG**
Als das Christentum sich in Länder verbreitete, in denen man weder Hebräisch noch Griechisch sprach, entstanden Bibelübersetzungen u.a. in Altsyrisch, Latein und Ägyptisch. Dieses Manuskript des Neuen Testaments wurde 1216 in altsyrischer Sprache verfasst.

**DIE GESETZESTAFELN**
Mose brachte die zehn Gebote, in steinerne Tafeln gehauen, vom Berg Sinai mit.

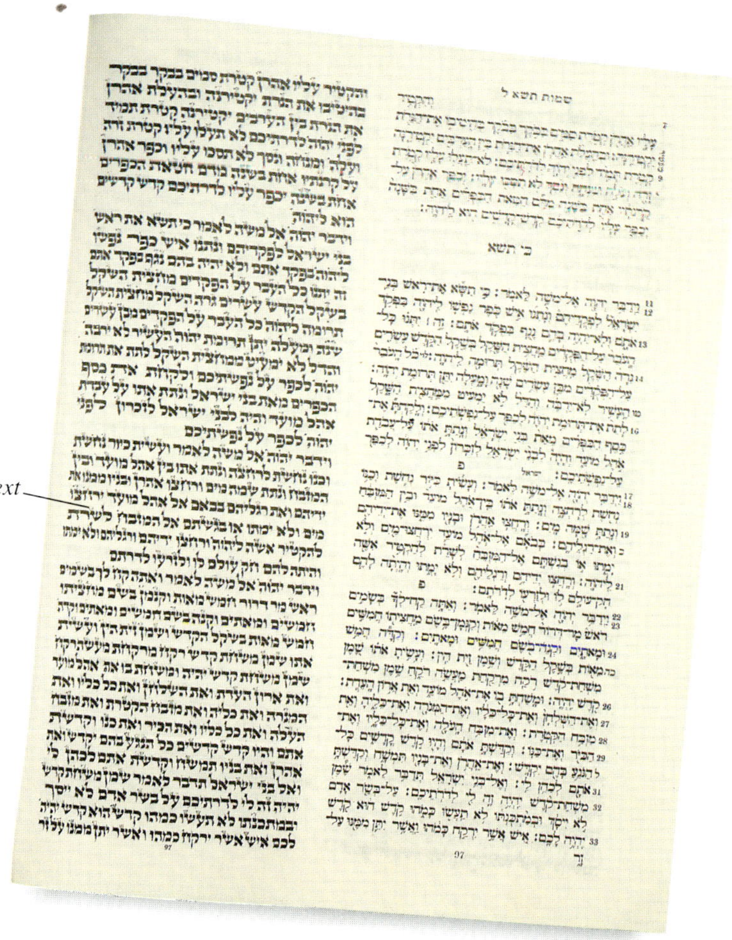

*Hebräischer Text*

**HEBRÄISCHE BIBEL**
Diese Seite einer hebräischen Bibel behandelt den Auszug der Israeliten aus Ägypten. Die neuere Ausgabe weist nur geringe Unterschiede zur Textversion der 2000 Jahre alten Qumranrollen auf.

**FÜR DEN GOTTESDIENST**
Hebräische Schreiber kopierten die Hebräische Bibel (das Alte Testament) auf Pergamentrollen. Diese werden in den jüdischen Gotteshäusern, den Synagogen, aufbewahrt.

*Die Schriftrollen sind von feinem Tuch umhüllt.*

**JESUS IM TEMPEL**
Der junge Jesus blieb nach einer Pilgerreise nach Jerusalem im Tempel zurück (Lk 2, 41–50). Zum Schrecken seiner Eltern diskutierte er mit den Gelehrten (Darstellung von William Holman Hunt). Die Tradition der Schriftauslegung hat das Judentum bis heute bewahrt.

**DER SIEBENARMIGE LEUCHTER**
Der siebenarmigeLeuchter (hebr. *menorah*) stand im Tempel zu Jerusalem. Später wurde er zu einem Symbol des Judentums. 70 n.Chr. raubten die Römer den siebenarmigen Kerzenständer zusammen mit anderen wertvollen Kunstgegenständen aus dem Tempel. Er ist auf dem Triumphbogen des Titus abgebildet (S. 55).

**KÖNIG DAVID**
David war der zweite König des Staates Israel. Der Bibel zufolge war er zuvor ein Schafhirte und Psalmenschreiber (Gemälde von Petro Perugino, 1446–1523).

Incipit liber bresith quē nos genesim dicim⁹

Text in Latein

**DIE GUTENBERG-BIBEL**
Johannes Gutenberg war der Begründer der Buchdruckkunst. Mit beweglichen Lettern setzte er 1456 die erste gedruckte Schriftausgabe. Der Text war in Latein abgefasst. Durch den Buchdruck wurde die Bibel erschwinglicher. Bald darauf wurden auch Bibelübersetzungen in verschiedenen europäischen Landessprachen gedruckt.

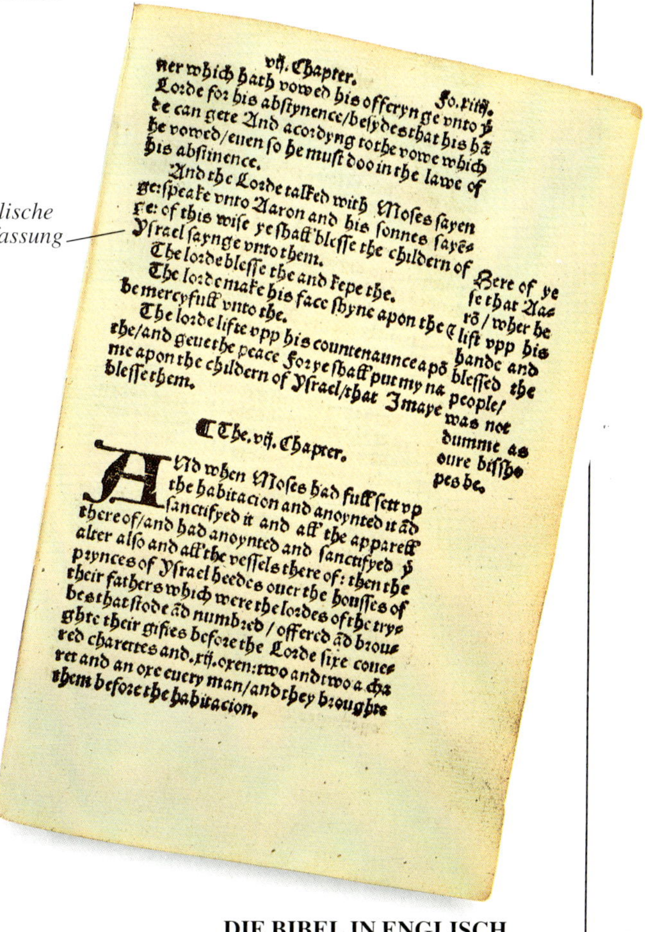
vij. Chapter. Fo. xiiij.
ner which hath vowed his offerynge vnto ẏ
Lorde for his abstynence/besydes that his hā
de can gete And acordyng to the vowe which
he vowed/euen so he must doo in the lawe of
his abstinence.
And the Lorde talked with Moses sayen
ge: speake vnto Aaron and his sonnes sayēs
ge: of this wise ye shall blesse the childern of
Ysrael sayinge vnto them.
The lorde blesse the and kepe the.
The lorde make his face shyne apon the & be mercyfull vnto the.
The lorde lifte vpp his countenaunce apō the/and geue the peace For ye shall put my nā me apon the childern of Ysrael/that I maye blesse them.

Here of ye se that Aarō/wher he lift vpp his hande and blessed the people/ was not dumme as oure bisshopes be.

The. vij. Chapter.
AND when Moses had full sett vp the habitacion and anoynted it ād sanctifyed it and all the apparell thereof/and had anoynted and sanctifyed ẏ alter also and all the vessels there of: then the prynces of Ysrael heedes ouer the housses of their fathers which were the lordes of the trybes that stode ād numbred / offered ād broughte their giftes before the Lorde sixe couered charettes and. xij. oxen: two and two a charet and an oxe euery man/and they broughte them before the habitacion.

Englische Textfassung

**DIE BIBEL IN ENGLISCH**
1384 erschien die erste englische Bibel, eine Übersetzung von Wycliff. Mit dem Neuen Testament setzte sich 1526 William Tyndale erstmals auseinander. Er musste seine Übersetzung nach England schmuggeln, weil dort damals, wie auch in anderen Ländern, heftige Widerstände gegen solche „Volksbibeln“ bestanden.

Ein Araberlager dargestellt von David Roberts (1796–1864).

# Archäologie

**W.M.F. PETRIE**
Petrie hatte sich schon in Ägypten einen Namen gemacht, als er seine Arbeit in Palästina begann.

Die moderne archäologische Forschung im Heiligen Land begann 1865 mit der Gründung des Fonds zur Erforschung Palästinas (Palestine Exploration Fund). 1877 war Palästina genau vermessen. Mit den neuen, detaillierten Karten konnten die Ausgrabungsarbeiten beginnen. 1890 wurde Flinders Petrie, der schon in Gizeh geforscht hatte, mit den Ausgrabungen von Tell el-Hesi (dem biblischen Eglon) betraut. Petries Arbeit wurde Weg weisend für spätere Unternehmungen. Petrie entwickelte eine Methode, bei der sich nach und nach die unterschiedlichen Siedlungszeiten und -schichten erschlossen – die noch heute angewandte Methode der „stratigraphischen" Archäologie.

**PICKEL**
Eine Spitzhacke eignet sich für den Boden im Heiligen Land. Damit kann man die Erde vorsichtig aufbrechen, ohne Funde zu beschädigen.

**MIT PRÄZISION**
Mit diesem Spatel kann man zerbrechliche Gegenstände ausgraben.

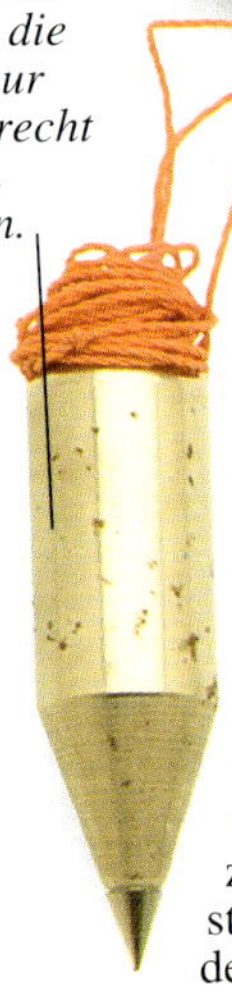

*Das Lot zieht die Schnur senkrecht nach unten.*

**MESSLATTE**
Ein 2 m langer Stab mit 50 cm breiten roten und weißen Zonen dient nicht nur zum Vermessen, sondern auch als Maßstab zum Abschätzen der Größe von Gegenständen auf Fotos.

**IM LOT**
Mit einem Lot kann man genaue senkrechte Linien ziehen. Ein gerader Schnitt durch eine Ausgrabungsstätte ist sehr wichtig. Nur so kann man die verschiedenen Siedlungsebenen in den Blick bekommen.

**BET-SCHAN**
Petrie wusste, dass ein Ruinenhügel wie Bet-Schan über Generationen entstanden war. Die Archäologen tragen die Schichten einzeln wieder ab. Was immer man in einer Schicht entdeckt, ist typisch für die entsprechende Zeit, sodass man daran den kulturellen Wandel über Jahrhunderte nachvollziehen kann.

**MASSNAHMEN**
Um das Ausgrabungsgebiet genau abstecken und kartographieren zu können, benötigt man ein solches Bandmaß aus Textilgewebe und Winkelmessinstrumente wie den Theodoliten.

**CHARLES WARREN**
Eine reiche Engländerin wollte die hygienischen Bedingungen der Altstadt Jerusalems verbessern und stiftete hierfür Geld. Unter Hauptmann Warren wurden Stollen durch die Trümmerschichten gegraben, dabei stieß man auf die Mauern der alten Stadt.

**KELLEN**
Solche Kellen gehören zur Standardausrüstung der Archäologen. Zum Graben werden sie im Heiligen Land weniger benutzt. Dabei könnte zu viel Schaden angerichtet werden. Mit Kellen entfernt man die zuvor mit einer Hacke aufgebrochene Erde und führt Längsschnitte.

**CHARLES WILSON**
Ein Anlass für die Gründung des Fonds für die Erforschung Palästinas war die Vermessung Jerusalems durch Wilson und ein britisches Ingenieurteam.

**EXODUSEXPEDITION 1868**
Hauptmann Wilson (hinten, mit Pfeife) vermaß im Auftrag des Fonds zur Erforschung Palästinas eine mögliche Route des Auszugs aus Ägypten durch die Sinaihalbinsel.

**TASCHE FÜR ALLES**
In solchen Taschen bewahrten Archäologen alle wichtigen Utensilien auf: Notizbücher, Stifte, Seile, Tüten usw.

**GRIFFBEREIT**
müssen solche kleinen Metallmaßbänder sein, mit denen man planen, skizzieren und Fundgegenstände messen kann.

# Register


## A

Abraham 10, 28
Achaimeniden 52
Afrika 33, 40
Ägäis 13, 22
Agrippa 40
Ägypten 10, 12, 25, 37, 53
Ahab 20, 24
Ain Ghazal 9, 24, 42
Alalach (Tell Atschana) 24, 44
Aleppo 14
Alexander der Große 39, 41, 54–55
Alexandria 41, 54
Altes Testament 7, 28, 29, 32, 58, 61
Amarna 12
Amathus 38
Amoriter 50
Anatolien 13, 16, 30, 38, 52
Antiochus IV. 54
Antipater 56
Aphrodite 25, 55
Apokryphen 58
Aramäer 22, 44
Archelaus 39, 54
Aschera 24
Askalon 20
Assurbanipal II. 49
Assyrer 30, 46–49, 52
Assyrien 23, 28, 33, 38
Astarte 24–25, 48, 55
Astyages 52
Augustus (Oktavian) 54, 56

## B

Baal 24
Babylon 10, 50, 53
Babylonier 20, 50–52
Bast 25
Beit Dagin 45
Beni-Hasan 11, 45
Berg Sinai 7, 38
Bethlehem 57
Bet-Schan 12, 43, 62
Buch Esra (Esr) 52
Buch Exodus (Ex) 29
Buch Genesis (Gen) 10, 50
Buch Habakuk (Hab) 58
Buch Nehemia (Neh) 52
Buch Numeri (Num) 26
Buch Samuel (Sam) 26
Byblos 22, 54, 55

## C

Caravaggio 30
Chaldäer 50–51
Chnumhotep 11
Christen 60
Codex 58–59

## D

Darius I. 52
David 20, 44, 46, 61
Domitian 55
Doré, Gustave 33
Duschar 25
Dyce, William 46

## E, F

El 24
Elam 50
Elija 24
Emmaus 30
En-Gedi 33
er-Ram 8
Essener 58
Euphrat 30, 33
Ezechiel 46
Fruchtbarer Halbmond 29, 38

## G

Garten Eden 28
Gaza 12
Goliath 44
Griechen 25, 54–55
Griechenland 16, 54
Gutenberg, Johannes 61

## H

Hadrian 55
Hammurabi 50
Hapiru 12, 13
Haran 10
Hasmonäer (=Makkabäer) 54, 56
Hauran 25
Hazor 24
Hebräer 12–13, 39, 41, 58, 60–61
Hebron 6
Herodes der Große 39, 54, 56–57, 62
Herodium, 57
Hethiter 13, 50
Hiram 40
Horus 24
Hunt, William Holman 60
Hyrkanus 56
Hyksos 12

## I

Indien 28, 31, 54
Indus 52
Irak 10, 28, 48, 50
Iran 48, 52
Isaak 10
Isebel 24
Ischtar 48, 51
Israel 10, 12, 15, 24, 39, 46–49, 61
Israeliten 20–21, 24, 34, 36

## J

Jakob 10
Jehu 49
Jericho 8, 29 42–43
Jerusalem 7, 8, 20, 38, 56, 59
 Archäologie 62, 63
 Fall 46, 50, 55
 Klagemauer 57
 Tempel 20–22, 25, 40, 43, 52, 54–55, 57, 60–61
Jesus 32, 40, 55, 57, 58, 60
Joab 46
Johannes der Täufer 57
Jordan 30, 40, 56
Jordanien 6, 9, 11, 14, 18, 33, 35, 57, 59
Josef 10, 11, 28
Juda 20–21, 46, 48, 50, 54
 Gebirge 12, 13, 34
Judäa 54, 55, 56
Juden 30–38, 52–55, 57–58, 60
Julius Cäsar 56

## K, L

Kades 13
Kanaan 11–12, 13, 20, 25, 28, 37, 39, 44
Kanaaniter 11–12, 14–17, 23, 26, 45
 Kunst 21, 36, 38, 42–43
 Götter 24–25, 37, 55
Karthago 23
Kyaxeres 52
Lachisch 35, 46–47
 Sonnenschrein 53
 Wallgrabentempel 31, 37
Lear, Edward 38
Levante 11, 30
Libanon 22, 41
Libyen 52
Lukasevangelium (Lk) 59

## M

Machaerus 57
Madaba 59
Mari 50
Mark Anton 56
Masada 35, 55, 57
Meder 52
Megiddo 17
Mernephta; Pharao 20
Mesopotamien 14, 27, 38, 50
Mose 12, 26
Mursili I. 50
Mykene 16, 17, 40

## N, O

Nabupolassar 50
Nahal Hemar 34
Nazaret 40, 57
Nebukadnezar 50
Negev 59
Nergal 50
Neues Testament 58, 60, 61
Nimrud 23, 33, 42, 43, 49
Ninive 28, 46
Ninurta 49
Noah 32, 50

## P

Palästina 22, 25, 33, 38, 42, 52–54, 56
 Bronzezeit 14, 16
 Fonds zur Erforschung von 62–63
 Speise und Weine 30–31
Parsa 52
Persepolis 52–53
Perser 52–53
Perugino, Pietro 61
Petrie, W.M.F. 62
Pharos 41
Philister 13, 20, 22, 44
Phönizien 20, 22, 48, 55
Phönizier 22–23, 34, 36
 Kunst 21–22, 41–43, 49
Pompeius 54, 56
Pontius Pilatus 55
Ptolemäus II. 54

## Q, R

Qumran 58
Qumranrollen 58, 60
Ramses, Pharaonen 12–13
Ras Schamra 24
Rom 38, 54, 55
Römer 39, 41, 46–47, 54–55
Rotes Meer, 8, 13, 40

## S

Salmanassar 33, 38, 49
Salome 57
Salomo 20, 21, 22, 33, 39, 40, 43
Samal 40
Samaria 20, 46, 48
Sanherib 28, 46
Saretan 18
Saul 20
Savery, Roelandt Jacobsz 28
See Gennesaret 7, 30
Seleukiden 54
Sendschirli 40
Sidon 22
Semeon 39
Simon Bar Kochba 25
Simson 33
Sinai 58, 63
Somalia 40
Sukha 33
Sukkot 14
Susa 52
Syrien 14, 16, 22, 24, 43, 48, 52, 54, 56
Syrisch-arabische Steppe 50

## T

Tel-Aviv 45
Tell (Ruinenhügel) 14–15, 62
Tell Dan 15
Tell Deir'Alla 14
Tell el-Addschul 16, 24, 35, 43
Tell el-Hesi 62
Tell es-Sa'idije 17, 18, 28, 30, 35, 37, 40, 43
Tell Halaf 29, 44
Tiberius 55
Tigris 48, 50
Titus 54–55, 61
totes Meer 6, 31, 57, 58
Tunesien 23
Turiner Leichentuch 58
Türkei 10, 28
Turm zu Babel 10, 50
Tyndale, William 61
Tyrus 22, 23, 40, 43

## U, V, W

Ur 10, 28
Vespasian 39, 55
Warren, Charles 62
Wilson, Charles 63
Woolley, Leonard 10
Wycliffebibel 61

## X, Z

Xerxes 52
Zypern 38, 52, 53


**Anmerkung:** Die Schreibweise der biblischen Namen entspricht der der Einheitsübersetzung.

# Bildnachweis

o = oben, u = unten, m = Mitte, l = links, r = rechts

J.C. Allen: 7u, 23mu, 59or; Ancient Art & Architecture Collection: 43ol, 61ol; Ashmolean Museum, Oxford: 38m; Birmingham Museum and Art Gallerys: 60u; Werner Braun: 6u, 27ol, 57mr; Bridgeman Art Library: 50ur Detail, 57or Detail; Atkinson Art Gallery; Southport 61u; Bible Society, London 58mr, 59ml, 60ol, 61mr; Christies, London 38ul, 61ml; Garvin Graham Gallery, London 32ml Detail; Guildhall Library 12u, 42m Detail; Musée des Beaux Arts, Nantes 61or; Prado, Madrid 59ur; Privatsammlung 28or, 60ml; Königliche Bibliothek Stockholm: 59mr; Victoria & Albert Museum, London: 30or Detail; Britisches Museum, London: 8ul, 15or, 18ul, 19u, 42mr; Dr. P. Dorell, Institut für Archäologie: 8mr; Ägyptisches Museum Kairo: 20m; E.T. Archive, Victoria & Albert Museum: 7ol; Mary Evans Picture Library: 21ur, 26ol, 41mr, 44or; Giraudon Louvre: 41ol; Sonia Halliday Photographs: 6ol, 6ml, 14ul, 43m, 55om, 62m; Hamburger Kunsthalle: 34ur Detail, 46ol Detail; Robert Harding Picture Library: 10ml, 49ur, 52, 58ml; Michael Holford: 22–23u, 28ol, 35ml, 38, 41ml, 46–47; Israel Museum: Vorderer Einband ml, 17o, 24ul, 35um, 43or, 58ml; Kobal Collection 37m; Kunsthistorisches Museum, Wien: 10–11u; Mansell Collection: 59ol; National Gallery, London: 30ur Detail, 55ml Detail; Schifffahrtsmuseum, Haifa: 40–41u; Fonds zur Erforschung Palästinas: 62ol, 62ul, 63ol, 63or; Zev Radovan: 6mu, 13ml, 15ol, 15ml, 17mr, 27or, 57; Scala: 55ol; Jamie Simson: 12m; Sotheby's, London: 7or; Amoret Tanner: vorderer Einband ol, rückwärtiger Einband ul, 12ol, 28mu, 29ol, 29um, 32or, 33ur; Victoria & Albert Museum: 59ul; Zefa: 7m, 50ul

**Karten:** Eugene Fleury
**Modelle:** David Donkin